图解 精益制造060

现场改善 秒懂秘籍
准备作业改善

ナットク現場改善シリーズよくわかる「段取り改善」の本

[日] 石川君雄 编著
陶俊平 译

人民东方出版传媒
People's Oriental Publishing & Media
東方出版社
The Oriental Press

/前　言/

受世界经济形势影响，生产活动也受到了很大影响。从具体的业务执行层来说就是事前的准备及对其高效化的追求，不论经济如何变化，这点都不会变。

打破大赛纪录的著名运动员也好，历史舞台上的艺术家也好，都能在短时间内高效地进行正式开始前的准备。

生产活动也是一样的，为了保证正式生产过程中不出现异常，也要进行扎实的事先准备，而且要能够快速执行。对生产活动来说，是使一系列生产能够顺利连接的一个方面，即“准备作业的高效化”。

本书围绕准备作业高效化的改善，面向现场作业员、管理监督者及事务人员，对准备作业进行浅显易懂的解说。

第 1 章至第 4 章是针对准备作业改善的目的种类、准备作业的概念、组织推进方法进行叙述。第 5 章至第 8 章通过具体的准备作业改善案例进行说明。第 9 章到第 11 章是针对安全、标准化、培训的叙述。第 12 章对 IT 在准备作业计划中的应用进行叙述。最后一章是将准备作业改善案例以改善前后对比的形式，进行技巧汇总、提供参考。

如果本书能为活跃在工厂第一线的作业员及作为支持者的诸位事务人员带来帮助，我将感到不胜荣幸。

2010年2月

编著者　石川君雄

/目　录/

第 1 章

利润的构成

1-1 // 售价、成本及利润

利润是售价（卖出的价格）与成本（用在商品上的费用）的差。计算公式如下：

利润 = 售价 - 成本

虽然售价是由销售方提出的，但如果价格高，客户就不会购买，因此，售价实际上是由客户决定的。利润只能通过降低成本来获得。成本包括：材料费、劳务费、经费等，削减这些是经营的基础。

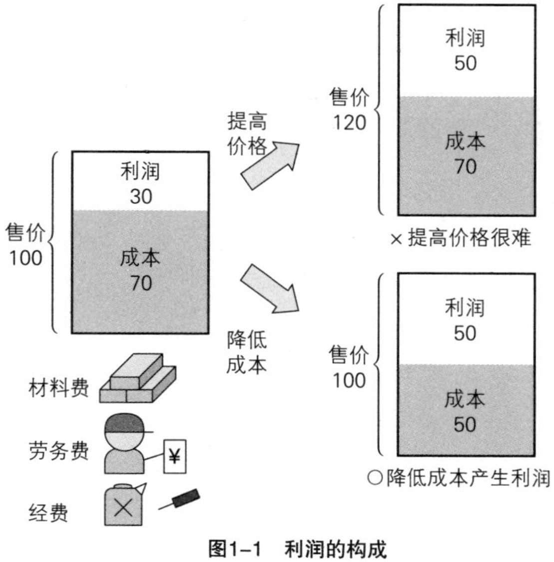

图1-1　利润的构成

然而，一件商品，除了成本外，如果没有吸引人的品质（Q）与供应的时机（D），就会失去销售的机会。为了满足 QCD 的要求，生产系统的“单件生产”变得越来越重要。为此，缩短准备时间成为越来越重要的课题。

这里是重点!

为了不失去销售的机会，“单件生产”很重要。这里体现了缩短准备时间的价值。

1-2 // 盈亏平衡点

销售额、费用及利润随着生产数量变化的图形称为盈亏平衡点分析图。费用是指不包含加班费用的劳务费、设备费等固定费用，材料费、加工用油等辅材，以及其他经费等可变费用。固定费用在生产数量变化时也是不变的，可变费用则会随着生产数量的变化按比例变化。如图 1-2 所示的费用曲线中，在固定费用线的上方画出了倾斜的可变费用线。

销售额线因为与销售量是比例关系，如图所示，为从原点出发向右上方去的直线。销售额线与费用线的交叉点是损益为 0 的点，生产数量如果比这个点上的数量多，就能产生利润，生产数量如果少，就会亏损。在当今的情况下，为了在销售量下降时也能盈利，就需要对费用进行削减，特别是要减少可变费用中的经费。

同时，通过现场作业与设备的改善，要建立用少量的人进行生产的作业体制。这是需要进行准备作业改善的原因之一。

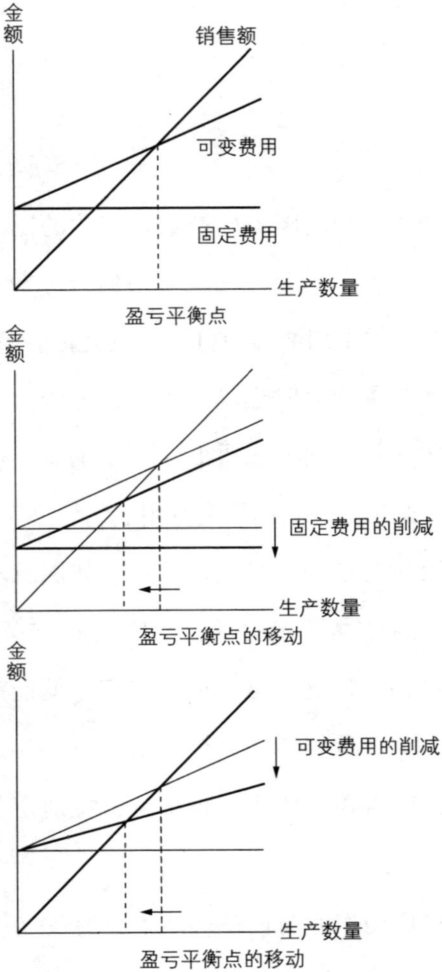

金额
销售额
可变费用
固定费用
生产数量
盈亏平衡点
金额
固定费用的削减
生产数量
盈亏平衡点的移动
金额
可变费用的削减
生产数量
盈亏平衡点的移动

图1-2　盈亏平衡点

1-3 // 准备作业改善开始之前

在开始进行准备作业改善前，需要了解一些必备的工具。

下面进行概略的说明。

（1）5S

5S 是整理、整顿、清扫、清洁、素质教育 5 项的总称，因其日语音标的首字母均为 S，所以称作 5S。

①整理

是指将必要和不必要的物品进行区分，处理不必要的物品。

不必要物品的处理方法之一是被称作公开处理的方法，全公司不要的物品，因为其他部门或其他公司有可能需要，所以要进行收集，在仓库里放置一周左右，并进行公开，最好能转给需要的部门。有时会有很多固定资产也被公示出来，这就需要执行相关的会计流程。

②整顿

是指能迅速拿到必要的物品。

文件、工具等小物件可以放在架子上，并在框架上标上名称。文件、图纸可以利用收纳盒，将相关联的文件集中存放。

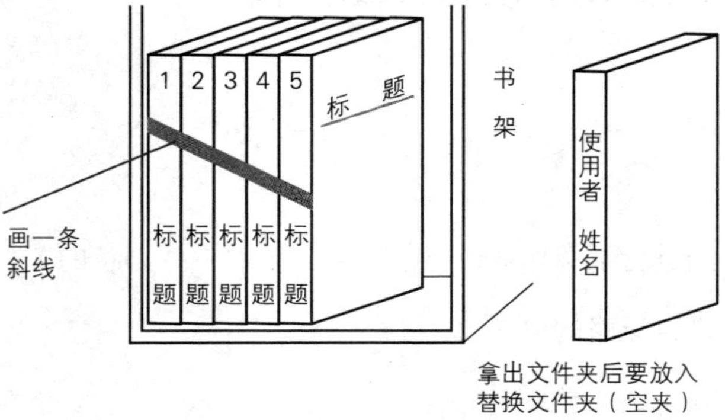

图1–3 文件夹书脊

电子文件也可以这样。文件夹的放置方式是在背后的标签纸上画一条斜线，如果哪个文件夹被取走，一看就知道，可以避免无谓的寻找工作。而像一个 10 吨重的模具等可以放在模具放置区，明确放置场所并进行标识很重要。在模具放置区的墙壁上贴上放置区的地图。

堆放时，除了要注意安全，上面应该放置会先取走的物品。多工序成套模具的放置方法要特别注意。

③清扫

切削、冲压废料、焊渣、涂料渣、切削油渣等，要进行清扫，在保证产品品质的同时，如果有油泼洒地面、楼道等处，有滑倒的风险，要注意确保安全。另外，通过清扫，可以在设备、模具磨损、破损等重大故障发生前就发现问题，并进行修复，这是 5S 中最重要的。这也是“清扫即检查”这一说法的由来。

④清洁

穿戴工作服、防尘口罩、耳塞、焊接眼镜等，从粉尘、溶剂等环境中出来时，要对暴露在外的手、脸部等进行清洗。

⑤素质教育

以上的项目做起来会让人厌倦，容易导致人马虎。但不管哪一项都与安全、卫生有重要关系，需要反复进行指导，养成习惯，这就是素质教育。

这里是重点！

5S 是准备作业改善最基本的事项。寻找工具、清扫切屑等也属于 5S 的范畴。

（2）可视化

可视化这个单词在各种各样的场合被使用，已经很普通了。公司内部说惯了的“可视化”一词，我在公司外的演讲中也使用过，至今还记得被当时的讲评者指责：“日语水平不行，有语法错误。”另外经常被指责的还有：不是“考动”，是“行动”（译者注：考动<思考+行动>的日语发音和“行动”一样，都是 koudou）；不是“自働化”，是“自动化”。

也有人说可以把可视化写成目视化。可视化不仅指生物学上或物理学上的影像。用更容易理解的说法，“可视化”是指将现状、将来的问题点暴露出来，并通过书面表达，向管理者、经营者“陈述”，以对其进行改善或修正。

即：可视化→可陈述→可修正。

另外，可视化还分为：可见、观看、注视、观察、审视等5个层次。根据问题，经过合适的、持续的多个步骤，是可视化成功的秘诀。

第2章

准备作业改善

什么是准备作业，为什么要做？

在现在这样物质富有的市场环境下，必须为了向客户提供所需要的产品、满足客户每个要求而绞尽脑汁。其结果就是产品的种类增加了。另一方面，对于海外，特别是以亚洲为中心的新兴国家，因为制造成本低，日本各企业正在加速向海外发展。这里，很多是以手工作业为中心的劳动密集型、批量生产的产品。日本国内则聚集了量少的产品，种类也增加了。这就是小批量、多品种生产方式在原来基础上进一步加速发展的原因。

其次是商品差别化渐渐变得困难的情况下，不允许在客户需要的时候因为没有商品而发生缺货的事情。结果就靠大量保有库存来应对。大量库存的产生，导致企业的体力下降。削减库存、缩短周期成为越来越紧迫的课题。

准备作业仅限于在工厂中，可以说是为了使产品、服务的产生过程，及其输出达到品质、价格、安全性等最佳的运营而进行的事前准备。从狭义来说，是在生产的产品变更时，进行的相关设备及其设定条件、人员、材料、工具等的准备。

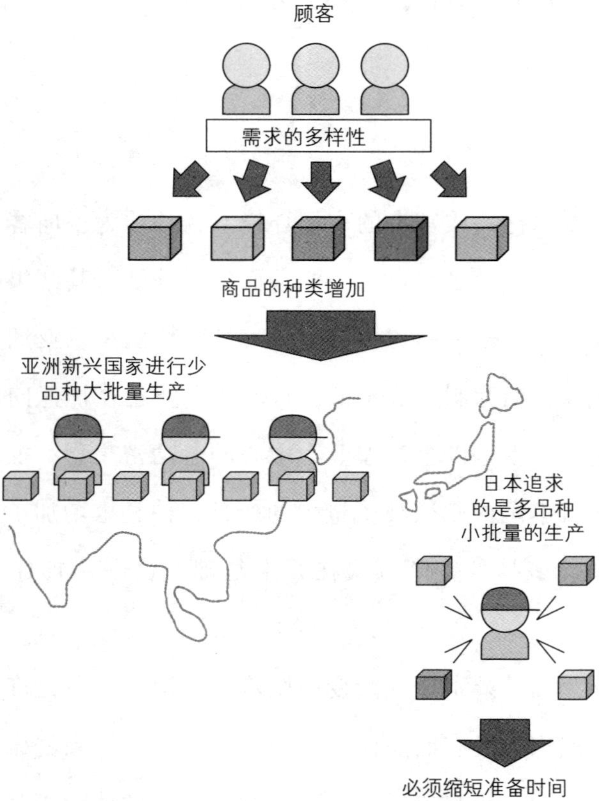

图2-1　多品种小批量生产的构成

这里是重点！

日本国内商品富余、品种增加，海外是大批量生产，这里也可以看到准备时间缩短的重要性。

第3章

准备作业的种类

3-1 // 产量变更的准备

这是生产量变化时的应对方法，是最普通的一种。这里的重点是应对的速度。产量增加与减少的时候，对其变化的速度及其增减的循环频次要加以注意。

具体的应对如下：

①时间应对

最普通的做法是增减加班时间。当增减的量相对较少、增减周期短的时候是可以应对的，只要注意避免长时间加班等问题，就比较容易实施。

②组织应对

当增减幅度更大时，通过加班应对就困难了。不仅是现场作业人员，包括管理监督者、间接部门人员，当生产量增加时，需要对其进行支援、招临时工等，当量减少时，可以向其他部门提供支援。

③设备能力应对

可以通过对单台设备的加工条件进行改善，提升其加工处理速度，或者通过追加同样的设备来增加加工能力。而追加设备要考虑万一生产量减少时的状况，因此要慎重商讨。使用机器人时，一台机器人担当的工作范围要广，减产时，多出来的机器人可以撤去，用于别的工作。

④设备损失时间的削减

通过削减故障时间、缩短准备时间、缩短加工时间、减少不良品等，提高设备综合效率。

⑤委外加工应对

按照委外加工的政策，超出本企业生产能力、达到一定量时，超出的部分就需要委外加工了。

委外加工商的品质、交期达成能力通常都是关注的重点。

表3–1　生产量的变更

序号	生产量的变更	说明
1	时间应对	通过调整工作时间来调整产量
2	组织应对	通过换班、支援来调整
3	增强设备能力应对	通过增强设备能力来调整
4	减少设备损失时间应对	通过提高设备效率来调整
5	委外应对	利用委外加工来调整

这里是重点！

产量变动的应对方法有时间应对、组织应对、增强设备能力应对、减少设备损失时间应对、委外应对等。这也是广义的切换准备。

3-2 // 产品种类变更的准备

当生产产品的种类变更时，根据这个产品规格的变化程度不同，对应方法也不同。另外，当产品种类不同时，根据工艺水平不同，设备类型不同，用单台设备生产还是用生产线来生产，需要付出的精力也不同。

①变化小的情况

主要的准备作业是在同一台设备上调整尺寸。

②变化中等的情况

包括模具、治具的准备作业。

③变化大的情况

包括设备、生产线变更的准备作业。

表3-2 产品种类的变更

序号	产品种类的变更	说明
1	变更小	设备不变，调整尺寸
2	变更中	设备不变，变更模具、治具
3	变更大	设备、生产线要变更

这里是重点！

根据产品种类变化的程度，例如：线变更、面变更、立体形状变更等，设备变更（变更准备）的内容有着巨大差异。

3-3 // 款式变更的准备

当技术陈旧、造型陈旧而使得销售量下滑时，需要积极推出新技术、新设计，加强销售，因此也需要有新型的产品投入市场。这种情况下，根据款式变化的程度不同，切换作业的程度也不同。

①外表设计的变更

涂装颜色变更、标记变更等，主要是外表的变更。这时的切换主体是所需材料的品质保证方法和供应方法的变更。

②部分结构变更

是中等程度的变更，例如，部分零部件的改良、因结构件变更而产生的造型变更等，称为局部变更。涉及与变更零部件相关的设备、模具、治具工具的切换。

③款式全面变更

包括对旧款的改良、新技术的采用、吸收新的客户概念，在外观、功能等方面进行创新，生产线要全面变换。

表3-3　款式的变更

序号	款式变更	说明
1	表面设计的变更	涂装颜色变更，标记变更
2	部分构造变更	改良，构件的变更
3	款式全面变更	新技术的采用，外观及功能的创新

第4章

准备作业由谁来做

4-1 // 准备作业的组织

①由操作者自己来实施

单台设备操作、单件加工等工厂中，由于加工完成时间经常不稳定，加工完成后，由操作者自己做下个产品的切换准备。

②由保全员来实施

当准备作业复杂、对调整等技能有熟练度要求时，由保全员来实施。这时，要有步骤地对操作者进行培训，让他们也能胜任。

③由准备班实施

像冲压生产线这样，在设备排成线，而且有多条生产线等情况下，建立准备作业的专业组织，从专业的角度，让准备作业有计划地、高效地进行。

④由操作人员与准备班分工实施

准备作业改善时，分为“内准备”与“外准备”。这里，与生产直接相关的内准备部分由作业员来担当，其他由准备班来担当。例如，使用完成后的模具的清扫、润滑及搬运到指定放置场所的作业；现在的生产完成后要进行下一个产品的生产时，将模具从模具放置点搬运到设备旁，并进行各种连接的作业等，需要进行准备作业。这样操作员就可以集中精力，对开始生产的设备、产品品质等进行确认。

这里是重点！

准备作业是由谁来做的，通过应用这些特征来进行准备作业方法的改善。

4-2 // 准备作业班的作业内容及必要技能

准备作业班里很多是外准备作业的专业人员，他们很多时候也需要支援内准备作业。如果设备特殊，而且操作员不能进行准备作业，可以由准备作业班来进行。这时最好让操作员学习、掌握技术，实施内准备作业。外准备作业的主要内容有：待安装模具的清扫、检查、配线，与配管的装拆、用搬运设备来搬运、滑槽及柱销的安装等。

重点有：与生产日程配合，用熟练的手法进行作业；清扫时发现的问题，必要时联络维修；始终有准备时间高效化的意识，并推进改善。以重物搬运为特征时，重点是要有各种搬运设备的操作资格，并用心提升操作技能。

表4-1　准备作业的担当

序号	准备作业组织	说明
1	操作员	更多用于单机操作、单件生产
2	保全员	更多用于作业与调整内容复杂、需要熟练度的作业
3	准备作业班	更多用于多台设备组成生产线的场合
4	操作员与准备作业班分工	更多用于将准备作业分为内准备与外准备的时候

第5章

准备改善的推进方法

5-1 // 改善计划

改善项目的发起

· 公司方针，明确公司高层的推进意图

向全公司表明该活动是公司整体行为，有着重要的地位，是工厂部门的行动计划内容之一。

· 推进部门的组织化与预算化

以全公司有成本管理经验的人员为中心，在各工厂由经历过成本改善实践的骨干、班组及一线技术工人 5 人左右组建计

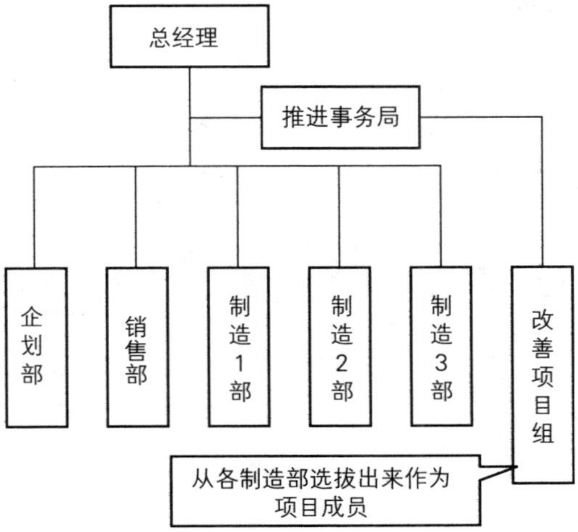

图5-1　组织结构

划及实施队伍。并根据目标值及预期效果来制定资源投入预算。这样就有望与公司高层直接关联了。

·长期计划与年度计划的制定

以3~5年的长期眼光，以产值和其中的成本占比来制定成本改善目标，制定本年度的计划。

最终将反映到利润计划。具体来说，要公布实施预定方案，明确担当者和时间，并进行资源投入与实施效果的预测，确定实施优先顺序。

年度计划中，一个案件以用1~3个月完成为目标。设计变更、零部件制作、工程改造等需要长时间完成的事项要分步实施，明确推进状况。

改善案件的目的要明确，其中，加入“准备时间缩短”，对其重要性进行再确认。

		担当	目标值	4	5	6	7	8	9	10	11	12	13	14	15	目标达成率
1	A工厂__线															○○%
2	B工厂__线			事前准备				活动		跟踪						××%
3	C工厂__线															
4	D工厂__线															

图5-2　推进计划

这里是重点！

高层表明坚决的态度，目标明确化、组织化与预算化是重点。以长期的眼光制定年度计划，以 3 个月完成一个案件为基本。

5-2 // 具体方案的推进

①与案件所属部门的事先协调

在改善实施前约 1 个月，就要对改善对象的工序、设备的运转情况进行调查，用数据来描述现状与目标，包括：生产量、品种数、生产人员数、生产批量、换型准备时间等。确定其他事项，如安全事项、技术人员应对方法、改善室的设置、改善日程、改善组长、活动时间、责任者等。

②改善成员的选定

各工厂或各工作场所，以现场班长级人员为中心构成。

组长由推进部门的熟练的管理者来担当。改善成员要开事前的现场确认会，进行心理准备，以让改善项目顺利推进。根据不同的案件，选择不同的成员，将改善能力横向扩展。

③准备作业改善活动开始仪式的举行

由工厂的高管，工程相关者及推进部门的高管，以及全公司范围的改善实践团队出席，时间约 2 小时。

内容为：发布现状描述、目标设定、具体活动项目和日程、改善成员的介绍等，并进行现场参观与安全等注意事项的提示。

④改善活动的实施

对象为数十台设备构成的生产线时，按每周2至3天，用3个月左右开展活动。对象为短的生产线、单台设备时，只需要几天就可以找出问题点。应用摄像机是提高效率的手段之一。有了对策后，要进行费用的计算，据此判断是否要实施。

对于安全卫生方面要格外细心关注。

⑤中途报告的实施

活动开始1个月后，对于活动的方向性、问题点的提出状况，及其对策的提案状况、效果预测要与相关者达成共识，管理者要对今后的活动计划提出修正指示。

⑥进入改善实施阶段

从方便拿取的作业改善、缩短步行距离的布局调整、作业台设置等，工具与治具改善、电气线路变更等设备改善，表单修改等体系改善等开始实施。这个时候，必须进行试运行，如果发现不合适的，可进行修改，并进行反复修正，以获得操作性强的对策。

⑦实施结果的验证

进行对策项目的效果验证、不合适内容的修正确认与再次发生的预防、各种标准书的修订、最终成果的汇总。

⑧准备作业改善活动报告的实施

资料制作应尽量简明扼要，也要考虑教育的效果。发表者要给参加实际改善的成员发言的机会，提高其发言能力。高层管理者宣布包括改善目标及步骤、成果的本次项目告一段落。最终结束是在后续跟踪结果后。

出席成员与开始仪式的成员一样，高层也要参考并发表讲话。不仅要报告成果，推进方法中各阶段的难点、组织调整的有效实施等最好也加入报告中。推进事务局针对技术性改善之外的组织改善、标准化、横向展开，教育面、经营面的角度进行总结，以应用到今后的活动中。

⑨后续跟踪的实施

约一个月后，全体参加人员对改善部门进行观察，确认是否在持续、提案实施事项是否有不合理的情况，通过询问等“三现主义”手法进行调查确认。特别是针对“3M”（译者注：即 Muri 不合理、Muta 不经济、Mura 不均衡）中的不合理，思考为什么会用这样的提案与改善，这对今后提案水平的提升是有益的。

现场如果无法持续改善，可以通过体系改善来维持改善。改善结果如果已经固定下来，本次改善项目就可以开始宣布解散了。

这里是重点！

在具体实施过程中，改善能否被固定下来，关键是事前准备和事后的跟踪执行得好不好。

5-3 // 准备改善的步骤

下面 5 项是基本的实施步骤

①现状调查（概要）

针对收集的生产量、种类、对应生产线、设备台数、设备种类、生产批量、操作员人数、生产布局、生产准备条件及时间等资料，现地、现物地进行概要确认。

②详细调查

进行准备作业时间的测定。这时，要灵活应用被称作丰田生产方式（TPS）作业三票的标准作业组合票、标准作业票、各工程能力表。

摄像是个好的手段。另外，如果有时间显示，摄像后的分析会更方便。摄像有以下好处：

· 不去想象现场，而是客观地看现场

· 拍摄后，可以和很多人一起对现场状态进行讨论，以便达成共识

· 可以反复播放，进行更细致的讨论

· 不仅可以对现场进行把握、分析，还可以通过改善后的比较达到教育目的

· 如果可以自动摄像，就不会造成作业员的心理负担

· 可以记录作业员的声音、机械启动的声音、吹气的声音等，有助于问题的解决

摄像的推进方法如下：

· 明确摄像的目的

· 明确拍摄对象（人、设备等）、空间、时间等范围

· 确定拍摄的要点（位置、高度、路线及方向等）

· 实施摄像。开始时对作业岗位周围以广角俯瞰拍摄

· 作业员在拍摄区域以外活动时，也要进行拍摄

· 拍摄结束后，作拍摄记录（时间、场所、对象、拍摄要点等）。把拍摄要点等记录在工厂布局图上，以便其他人也能理解

③对策方案检讨与实施

第 1 步：区别内准备与外准备

将当前的准备作业分为内准备与外准备。

第 2 步：进一步改为外准备

检讨是否可以进一步将内准备转化为外准备。

第 3 步：排除浪费

用作业改善与设备改善的眼光，排除内准备作业中的步行等浪费。

第 4 步：动作速度的提高

内准备作业中，主要是设备改善，即提高压力变更等机械动作的速度。控制线路变更也很多。然而，要注意考虑异常检测等安全方面的因素。

第 5 步：外准备作业时间的缩短

生产数量少、外准备作业时间长的时候，在生产时间内，有时候会来不及准备下一个产品的换型工作。因此，外准备时间的缩短也是必需的。

当有数条生产线，设立专门的准备班组时，有时会发生几条生产线同时换型而造成等待的情况。因此，在缩短外准备时间的同时，还应在制定生产计划时考虑到外准备作业的时间。

④效果的验证

通过收集 1 周左右的数据和适当的现场确认来进行成果的验证。实施内容中如果有不合理的地方，就要针对问题点提出改善。

⑤对标准化、横向展开及下次的应用产生的成果要进行标准化，并推广到类似的岗位。而推进中的问题点、体系上的问题点要反映到下次的改善中。

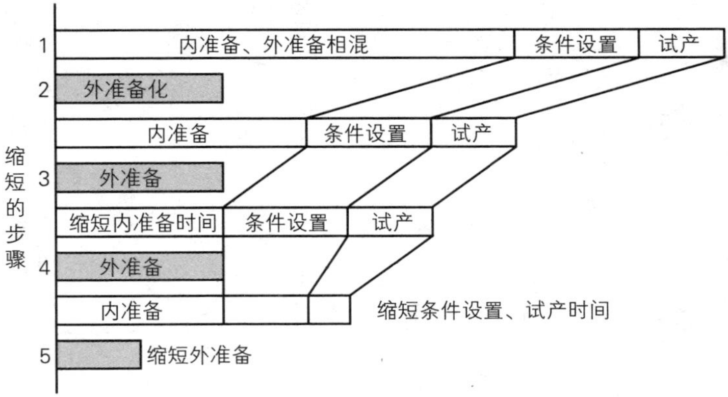

图5-3 准备作业改善步骤

这里是重点!

推进过程中的现状调查（概要和详细）是最重要的，这个做得不充分，不光得不到成果，还会将不合理的事情强压给现场。

第 6 章

再度思考准备改善的意义

准备改善的意义有很多，既有针对当下的目的，也有面向未来的目的，详述如下：

6-1 // 提高设备的稼动率

TPM 中关于设备的七大损失包括故障损失、准备作业调整损失、速度降低损失、不良返修损失等，描述这些损失的指标是设备综合效率。设备综合效率的定义是下列 3 项的乘积：

设备综合效率 = 时间稼动率 × 性能稼动率 × 良品率

· 时间稼动率：实际开动时间占计划开动时间的比率

· 性能稼动率：设备实际运转时的加工速度、加压速度等与设备新投入时、设备规格书中所记述的性能数值的比率

· 良品率：良品数量（生产总数 − 不良品数量）与生产总数的比率

时间稼动率中包含准备调整损失。其含义是，设备价格昂贵，却摆在那里不产生价值，这样的浪费就需要排除。也有提高设备投资效率的含义。

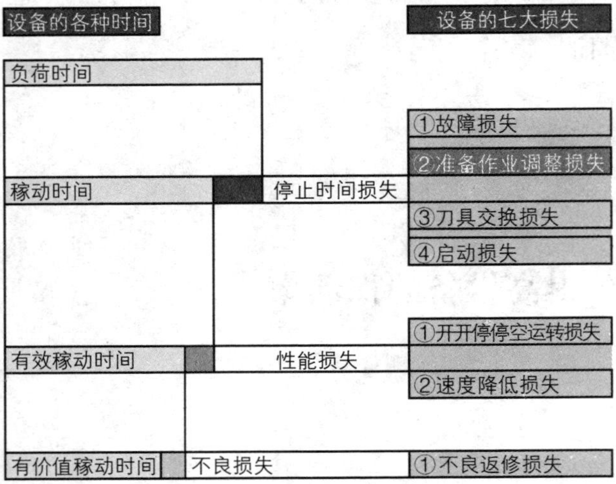

图6-1　降低设备效率的七大损失

6-2 // 降低劳务费

因为缩短的准备时间可以被用于产品生产，是确保规定产量的好办法，所以缩短准备作业时间的话，可以降低劳务费用。例如，可以缩短加班时间，这就是在降低劳务费用。

6–3 // 削减库存

每天的生产量如果是确定的，每次的换型准备时间缩短后，可以增加换型准备的次数。这样，每次生产的数量可以减少，也就能够削减在制品的库存了。其结果还可以减少库存占用空间。每种零部件的库存周期减少，生锈等引起的损失也就能减少。

6-4 // 缩短生产周期

如上所述的在制品减少后，换型时带来的除了加工途中的中间库存报废减少外，生产周期也能缩短，甚至向客户交付的产品周期也能缩短。这里有换型准备时间改善的重要原因，特别是可以实现生产过程的整流化，体现了工厂水平的高低。

6-5 // 满足客户

虽然有的商品客户会就近购买，有的商品要反复比较才购买，但对于品牌影响度低的商品来说，重点是客户订购到交付为止的时间，即需要等待多久。如果时间长，客户会选择其他类似商品或跑到其他店里去购买，从而失去销售的机会。特殊商品因为不会有库存，也不希望保有库存。所以，缩短交期含有满足客户要求的重要作用。

这里是重点！

从设备、人员、产品、交期、客户的角度重新认识准备作业改善的意义。

第7章

准备作业的改善

准备作业的范围包括从前一个产品生产结束到下一个产品生产开始的所有准备作业。在多台设备构成的生产线上，必须进行原材料的更换，模具与治具的更换，产品放置用托盘的更换，废料用托盘的更换，加工图纸、程序、生产指示书、检查记录表等更换。

各工序上的压力、加工速度等设备加工条件也必须进行变更。

准备作业从大的方面来看，可以分为：

①前一作业完成后的整理、下一作业的准备；

②前一作业使用过的模具、治具、刀具、材料、检具等的撤下；

③下一作业须使用的模具、治具、刀具、材料、检具等的安装；

④试加工、检查测试、调整。

这里的重点是②③的快速松开→移动→拧紧及③的快速定位、④的取消调整。

以下将对准备作业改善的具体手法予以说明。

7-1 // 准备作业的明确化

通过对整个生产线准备作业的观察，掌握每台设备的活动与人的活动、材料的活动等概况。利用标准作业组合票等对现状进行记录，实现“表面化”。

7-2 // 区分内准备和外准备

这项工作要关注作业的顺序，将可以在设备开动后做的工作（例如，将模具上的废料溜槽等附件放到货架上的作业等）摘出来，作为外准备作业。

7–3 // 将内准备变为外准备

其次是将用于产品搬入、搬出的手推车设计成更换装置，可以在手推车上设计一个滑动装置，用于下一个产品的治具更换。前一个产品台车上的装置可以在设备开动后再拆下。这是一个将内准备作业转化为外准备作业的设备改善方法。

7-4 // 内准备时间的缩短

①3M 的消除

这里是指以消除 3M（Muri 不合理、Muta 不经济、Mura 不均衡），提高设备运转速度为中心。将标准作业组合票的横轴缩短。首先是消除 3M，提高设备运转速度，再进行动作的平行化。

关于 3M，“不合理”的例子有：伸长手臂去拧紧高处的螺栓；“不均衡”的例子有：通过细微的调整作业来进行定位；“不经济”的例子有：工具取放时需要步行很长的路线。

·手边化

准备作业使用的各种工具、治具、量具的配置应在作业岗位附近放置，并进行整理，便于取出和放回。

·布局变更

指准备作业时的操作盘位置、副操作盘位置、材料固定的部位、润滑油的接油盘操作位置、模具与治具固定位置的布局调整。不但有平面的，还有立体的。当需要通过观察压力表来调整压力时，可以将压力表集中配置在一个地方；为了提高操作性，例如可以变更操作盘上开关的形式、位置，通过颜色区分和分区域布置还能起到防止误操作的重要作用。

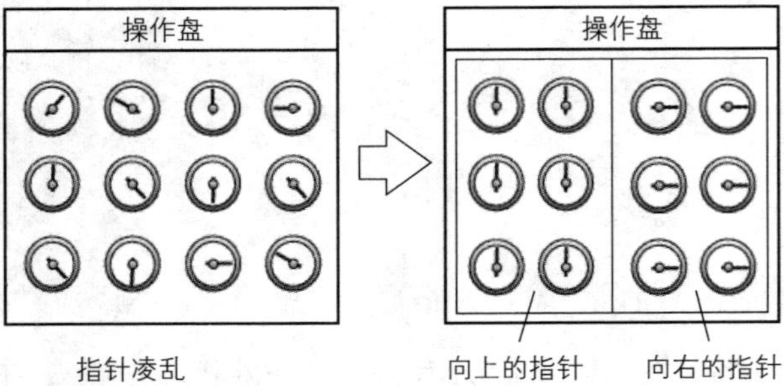

图7–1　操作面板上指针的配置（信息区分案例）

②设备运转速度的提升

下面讲述设备运转速度的提升。完成这项作业需要对设备进行改造。准备作业时，关于设备的操作（分别操作、自动准备操作）需要做以下工作：

· 制作设备循环图。

· 每个动作的信号授受通过动作终点等至动作起点的关系图来记录。

· 为了提高气缸、油缸的速度，需要增加缸体的直径，增加空气、液压油的流量。为了缩短冲床上空气增压、减压的时间，可以设置快速排气阀等装置。为了加速台车的移动速度，可以加大电机的马力、改变车轮上变速齿轮的速比。

· 各动作的起动信号要提前发出。追加传感器，在前一个动作进行中即发出指令。

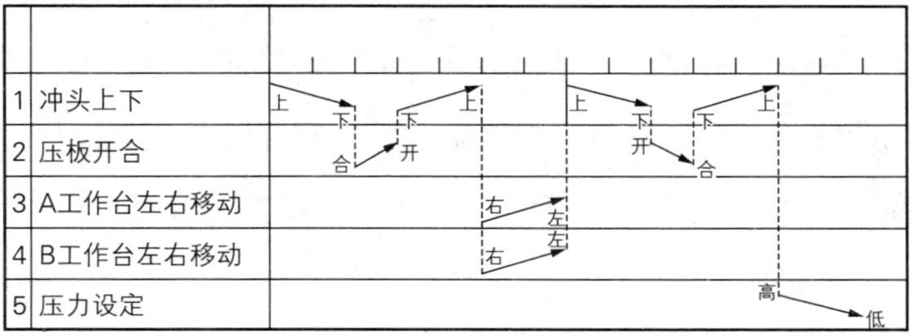

（虚线的完成、开始由传感器来授受）

图7–2　设备循环图示例

·指定用于放置更换物品的台车。例如，在更换模具时，用 2 台台车，1 台是空车，停放在加工台后面待用，模具在生产完成后，移到空台车上。然后将后续要使用的模具从前面的台车上移到工作台上。模具等如果不重，可以用手来移动，但如果能改善成用滚道、电机牵引等简单的运载装置进行更好。更换台车有前后移动型、纵横移动型、左右移动型，可以根据设备周围的空间状况进行选择。必须注意与人员等相干涉时的对策。台车和加工台兼用的左右移动型效率较高。

③动作平行化

用于放置模具等更换对象的左右台车同时移动，缓冲压力、平衡压力的同时调整等，在互不干涉、安全等前提下，进行平行作业。要改变控制器线路。

④单触式、单回合化

·安装、拆卸

在更换用于材料、中间品投入、取出用的机械臂、手轮、夹头、夹头导轨等物品时，很多是采用螺栓固定的，这里可以采用凸轮式的手柄、弹簧扣等来代替，废除螺栓式。即使使用螺栓固定，也可以用 T 形螺栓、蝶形螺丝，不需要用到扳手、钳子；不需要将螺栓拆除了再拆下更换物件，可以使用梨形孔、劈开的螺栓、C 形垫片、T 形槽等来提高效率。被固定物方面可以通过统一尺寸等方法，如果不行，可以垫上标准块等来消除调整时间。

加工机床的刀具更换、机器人的头部更换很多是采用自动更换的，称为 ATC/AHC，ATC 是通过一个动作来触动多个压紧装置的动作，实现刀具交换。这个过程中，从刀具库中取出、返还刀具时，加工单元的门都会进行一次开关，开关的过程中，刀具交换处于停顿状态。一般情况下，在取出、返还的时间内，门开着就可以了。只要在加工开始时关上即可。

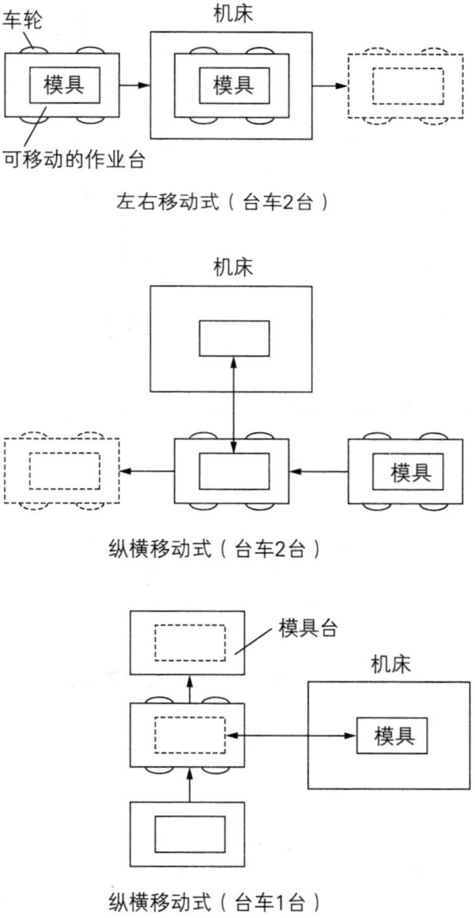
车轮
机床
模具
模具
可移动的作业台
左右移动式（台车2台）
机床
模具
纵横移动式（台车2台）
模具台
机床
模具
纵横移动式（台车1台）

图7–3　更换台车的种类

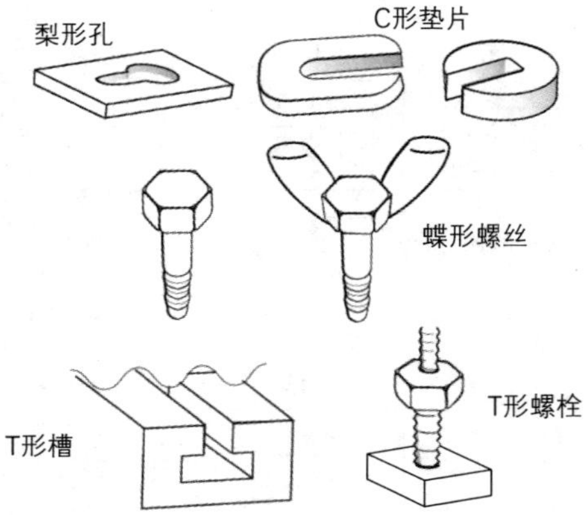

图7–4　梨形孔、T形槽、C形垫片、蝶形螺丝、T形螺栓

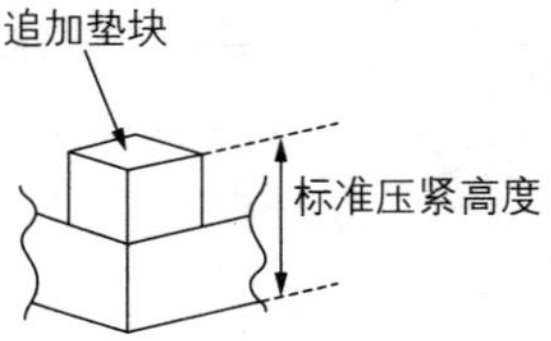

图7–5　统一高度，采用标准垫块

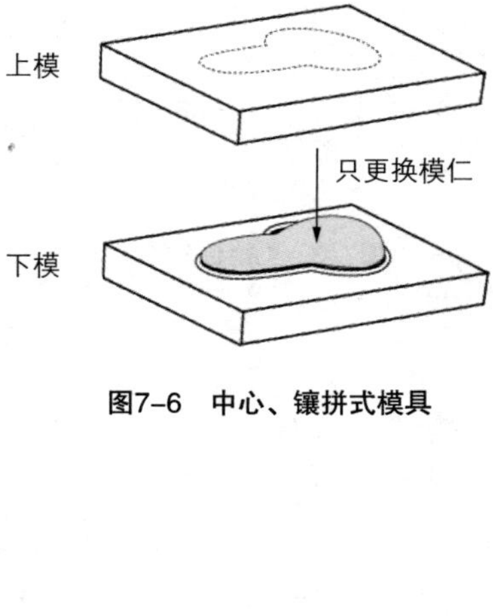

图7–6　中心、镶拼式模具

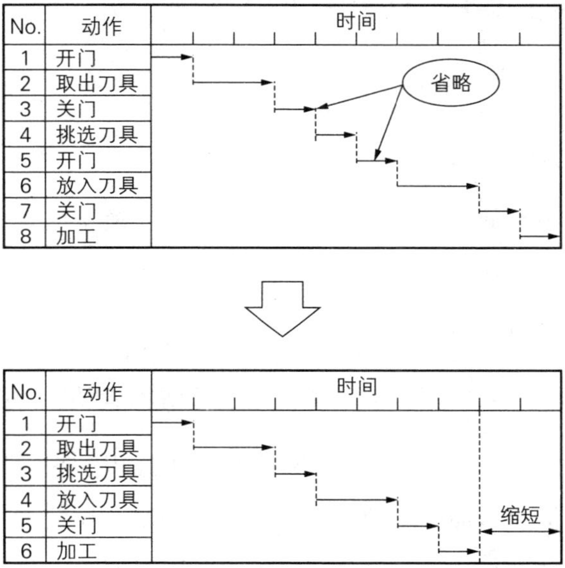

图7-7　设备循环图示例

这里是重点!

3M、速度提升、平行作业、单触式等是准备作业改善的要领。

7-5 // 外准备时间的缩短

①拆下来的模具、治具、刀具、装置在换型准备作业结束后的整理、整顿和清扫

为了缩短时间，可以设置用于防止残渣到处飞溅的防飞溅挡板，便于回收的滑槽、滚道，以及残渣回收箱，等等。如果能考虑一些特殊的清扫工具就更好了。清除切削加工的切屑渣、焊接的焊渣、压加的边角料、压铸的脱模剂、涂装的油漆渣等废料，对后面加工时的品质保证，破损、龟裂、变形的发现与修复有非常重要的作用。整理整顿方面，例如将模具上的空气快速接头拆下，存在规定的地方，下次再使用时就很方便，也可以避免误接的发生。

②运送到指定场所保管

更换对象如果很轻，可以靠人手搬运，如果是重物，可以用台车、叉车、吊车，如果有数十吨重，可以用行车等进行搬运。这些在检查保养时，事先准备也很重要。例如，使用吊车时，根据重量不同，事先准备好合适的绳索、吊钩等，悬挂中心在轨道上的标识等。

保管场所必须指定位置。保管场所尽量设置在搬运距离近

的地方。

③更换对象在更换用台车上的安装

安装位置的确定及定位方法将在下面叙述。首先，确认更换对象、更换用台车是否已经进行了清扫和事前检查。特别要注意有没有清扫工具、器具落在上面。

·基准销方式：在装载台上确定基准位置，并打上基准孔。在这个孔中插上基准销，和模具等更换对象上的定位基准孔一致。为了起到导向的作用，基准销的头部最好做成圆锥形。按对角线，设置2个基准位置即可。

·挡块定位方式：利用更换对象的后面、侧面两个面作为基准面进行定位的方式。在台车的面上设置基准挡块，进行纵、横两个方向定位。

·两侧滑动方式：宽度方向一致时，对象较轻的时候，将宽度方向作为基准，兼用作导向与滑动面，滑动的前方依靠销钉定位。

·粗略导向的种类

T形槽用枕块：利用T形槽，槽方向的位置就确定了。垂直方向通过在更换对象的中心安放枕块来定位。枕块是断面为四方形的材料，为了起到粗导向的作用，对上面进行倒角处理。分为固定式和可拆卸式。

·粗导向销：有钻销孔的方法和利用固定座的方法。利用固定座的作为粗略导向时，以 T 形槽枕块等作为最终定位的情况较多。

定位完成后，还要接上附属装置，例如，供电用的插座、供气用的快速接头、供水用的快速接头、加热器电源、滑槽等，因为要接很多物品，容易发生失误，需要利用彩色环、铭牌等进行标识，便于识别。管线类的东西，考虑到液体的冲击，要进行固定，但不要有急弯。

生产线的换型准备

例如，以冲压生产线来说，一般由 5 到 6 台冲压机构成生产线。这样的生产线要根据自动化的水平来确定准备作业的方式。

①同步准备方式

这种方法是在现在加工的产品完成后，所有设备一起进行换型准备。很多是小型自动生产线，就好像是对一台设备进行换型准备，主要是由多台构成的流水线形式的自动化生产线。操作员兼检查员由 1 人担当，也有无人化的。但是，如果是由 5 台设备构成的生产线，1 号机要等 4 个生产循环，而材料准备全部完成、加工开始后，5 号机要做 4 个循环的空运转。

②顺次准备方式

在以大型设备构成的自动生产线（1 条线 1 名作业员）的情况下，这些工序中，当前加工的产品在当前设备上加工完成并送到后工序时，立即开始换型准备作业。换型准备完成后，进行空运转确认，并安排工序逐台进行（顺次）。空运转如果没有问题，就可以投入材料，开始生产。一直加工到最后工序，并在最终工序上进行品质确认后，进入正式生产。

这里可能会有问题的是材料的准备、产品存放容器的准备。而且，部分工序上可能有特殊检查装置、多余材料的回收装置，这些准备工作所需时间很难把握，应尽可能转化为外准备作业，或者安排辅助人员来进行。

③个别准备方式

大型设备构成的生产线（流程式作业、每台设备配置 1 名作业员）上由各台设备的作业员分别进行换型准备。上述的特殊检查装置等由各人进行分担，使得作业时间平均化。

这里是重点！

根据生产线的长度、自动化水平来选择换型准备方式。

第 8 章

准备作业与生产计划

生产顺序与设备的适应性

(1) 变化程度与设备的固有技术

生产计划的基本思路是按接单顺序制定，当计划有变通余地时，按照换型准备时间少的方式安排计划，可以提高效率。例如，下模缓冲压力、平衡压力等调整时，如果换模顺序要求指针压力从 4 调整到 8，然后又调整到 6 的话，4 调至 8 时需要较长的时间。如果生产计划制定时，按照压力从 4 到 6，再到 8 的顺序进行生产，增压时间就会减少。减压也是一样，而且在减压时，还可以考虑通过安排快速排气阀等装置来缩短时间。

表8–1 压力调整

顺序	使用模具	压力	增减压
1	A型	5	
2	B型	1	△4
3	C型	5	+4
4	D型	2	△3
5	E型	4	+2

改善前

顺序	使用模具	压力	增减压
1	A型	5	
2	C型	5	0
3	E型	4	△1
4	D型	2	△2
5	B型	1	△1

改善后

(2) 加工品的 GT 和设备的适应性

设备的规格应与加工对象相适应，当同一规格的设备有多台的时候，加工对象根据 GT（成组技术）将工程相似的、变化小的划分为一组。工程相似，停止时间少，变化幅度小，变更时间就可以缩短。

然而，长时间使用时，设备将随与其相对应的加工对象的特性形成一定的特征。例如，被加工物的加工面左侧常常负荷较大时，左侧的磨损就会多一些，机械精度会下降。原本，为了维护机械的精度、保证产品品质，需要对机械进行修复，但是，因为只是很小的变化，很难恢复。这个时候，如果用于别的产品的加工时，就容易产生不良品。因此，把握设备的特性，安排与之相适应的零部件进行加工，显得尤为重要。

这里制作了设备与加工对象对照表，据此进行生产准备。当然，当设备劣化超出一定范围时，就必须进行修复了，即使需要花费一些费用。

表8-2　设备与加工对象对照

设备 / 模具	A	B	C	D
a	○	○	×	×
b	×	○	×	○
c	○	×	×	×
d	○	×	○	×
e	×	○	○	○

注：也可以分3个级别进行评价

这里是重点!

将设备与生产顺序的对应关系、设备与产品的对应关系制作成一览表的形式备用。

第9章

准备作业与安全卫生

9-1 // 准备作业者与作业方法

准备作业有时是由操作者做的，有时是由专门的准备班做的，甚至有时会与保全员相关，容易造成作业担当者不明确。与正常运转时不一样，准备时进行的微调等，有些是需要熟练人员来做的。也就是说，准备作业经常会有作业担当者不明确的情况。

而且，准备作业的作业范围有时也会不明确。特别是共同作业，或者因作业速度慢，有人来帮忙时，作业分担会不明确。也就是说，在一系列作业流程中，必须进行确认的事项、必须遵守作业顺序的事项会被遗漏，顺序会被弄反。

在进行这种非常规性作业的时候，在制定作业分担表、明确分工的同时，对共同进行准备作业的作业者之间的配合方法要确定，需要保全人员支援时，必须与相关者就作业内容的分担方法进行协商，实施结束后还要进行确认。

9-2 // 准备时的设备状态

在换型准备开始时，通常生产还没有完全结束。在这个时候，设备的状态，特别是运转能量积蓄状态常常还无法进行充分确认。这就需要制定明确的规定，对这个时候设备的状态进行认真的确认。例如，生产完成时，设备的各个开关处于什么样的状态，废料、运输工具处于什么样的状态等。这些如果因临时位置变更、临时摆放，在作业时忘记的话，在进行下一个动作时，就可能因为与人员、设备发生干扰，引起事故。还有设备的状态，特别是能量没有得到释放时，在拔除压缩空气、蒸汽的接头时，高速的气流、蒸汽排出时，将引起烫伤、眼睛受伤等事故。

因此，要规定生产结束时，设备本身的开关类要恢复开始状态、废料要进行处置。装拆接口、快速接头时，要在作业要领书上明确作业注意点。为了让大家都遵守，还要进行教育。

9-3 // 自动化准备装置

例如，当材料供应台车、模具移动台车、产品更换台车等采用自动驾驶时，台车与设备之间有被夹住的风险。再有，当上下模具在合模时落在里面的工具等，将闭合的模具与设备安装面合装时落在上面的工具等，不但会损坏模具，碎片、工具从里面飞出来还会伤及作业者。

作业完成后的遗忘内容，包括用扳手拧紧螺母后忘了拿下来等情况。忘了拿下来的扳手可能会掉下去，自动移动时，就会有干扰。

各台车的干扰，可以在台车上安装磁性开关、保险开关等，当发生干涉时，台车将自动停止。另一方面，还要在设备本体上安装拉线开关，当作业员感到有危险时，可以拉动开关停止台车。

在操作重物时，例如，搬运40吨重的模具多数会用行车。操作行车要有资格证书及相关的特殊技能。作业方面包括：吊索是否挂结实了、离地（物品与放置面分离）时是否稳定、搬运时是否晃动、落地时是否稳定等。

当然，在吊装时还要对吊索有无损伤、吊钩是否变形等进

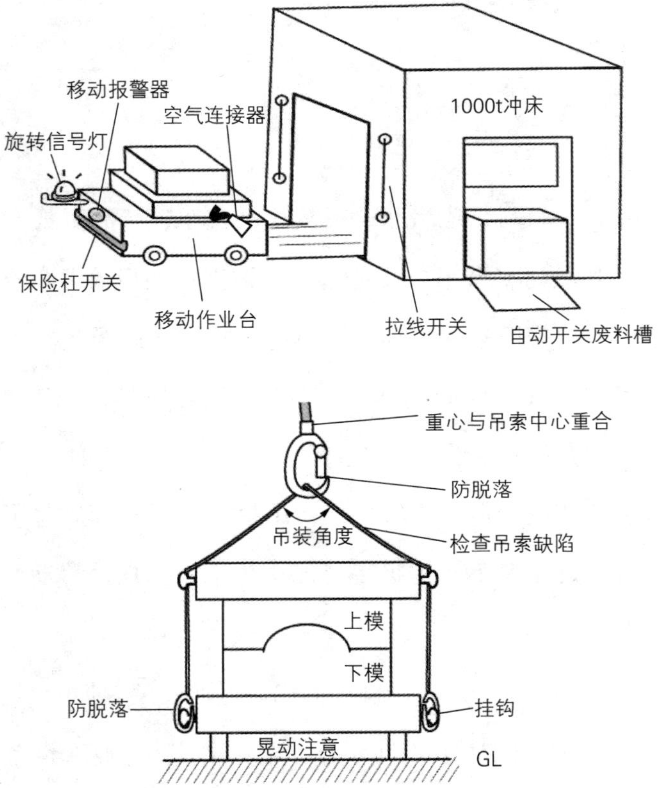

图9-1　准备作业时的不安全项目

行检查。特别要注意，小心运送时晃动而撞到设备、碰到作业员等。另外，有辅助工具等落在模具上面的话，搬运过程中很容易掉下来。这时，必须对这些物品放置场所进行明确，确认这些物品的放置状态后再开始搬运。

9-4 // 烫伤、触电、粉尘及爆炸等

因热源产生的烫伤，在压铸、抽芯铸造模具换型作业中会发生。一眼看上去，无法分辨作业对象是不是高温，放置时间不长的话，即使表面已经不是红色，也要注意。不管是采用自然冷却还是强制冷却，都要对温度进行确认后再开始操作。

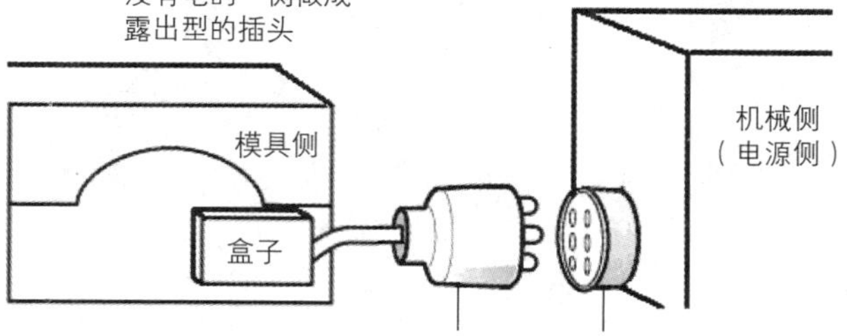

图9-2　插头、插座的配置

准备作业时触电，很多是电线表面破损引起的，也有金属插座、电线焊锡失误等引起的。供电侧应做成插座，插头的插脚应该在没有电的情况下插上。另外，在卸下蒸汽、热水管时，会因为喷出而造成烫伤。

对于粉尘飞扬侵入眼中的情况，主要是模具更换时，通过吹压缩空气来清扫冲压留下的边角料、粉尘及抽芯铸造的造型

砂时，会造成这些东西飞起来。这时，不要用空气吹，改用吸尘器来吸，这点很重要。

除此之外，对放射性物质、特定化学物质等药品类，有必要进行特殊管理。还有，作业场所外的加工用油、药品等如果掉在地上了，尽量不要让这些流动到工厂边上的沟里去，在泄漏场所就地回收很重要，工厂外的环境也要细心呵护。

9-5 // 作业姿势与重物对策

准备作业员的作业位置、姿势不好的话，会导致摔倒、工具等掉落、腰痛等问题。例如，伸长手臂进行手柄更换、半弯腰进行刻度盘的设定等。其对策是作业台的设置、测定表与调节器、螺栓位置变更及辅助治具、工具的改善。重物要灵活应用平衡块、升降机等。

在拧紧大扭矩的螺栓时，可以针对扭矩采用冲击扳手，缩短作业时间，避免费力的作业。这种情况下，可以对作业姿势的不良程度进行分级，能进行改善的要尽早进行改善（参考表9-1）。

表9-1 作业姿势

区分	评分	姿势	动作内容	具体示例
J	10		膝盖深弯，腰半弯，上身前倾	脚跟抬起（游泳时的准备姿势）
I	6		膝盖挺直、腰半弯，上身前俯	90°以上
H	6		曲膝，腰半弯，上身前倾	40°～90°（腰） 0°～45°（膝）
G	5		膝盖挺直，腰半弯，上身前倾	45°～90°

这里是重点!

都说准备作业中事故多发，而且伤害程度严重。因此，必须注意划伤、夹伤、卷入、触电、烫伤等，以及费力的作业、作业姿势。

第 10 章

准备作业的标准化

在准备作业时，为了消除人员、时间、质量方面的变动，要对作业进行标准化。内准备的作业票、外准备时间的作业标准要分别制定。一般情况下，作业人标准通过作业顺序书、作业要领书、重点课题等制作。

准备作业的作业标准，与一般的常规作业标准有不同的地方。例如，模具交换时，交换前后的时机每次都可能不同。A模→B 模、B 模→C 模、C 模→B 模、B 模→E 模等，按照接单的顺序进行交换，就是随机的交换。

10-1 // 内准备作业的标准化

因模具设定压力、位置不同，从高压向低压变更时，要将气罐中的空气排出，降低气压；从低压向高压变更时，要用空压机提高气罐中的气压，达到设定压力所花费的时间不一样。另外，需要调整滴油量时，操作会有细微的差别，需要有相应的技能。

由于这种情况较多，用普通的作业顺序描述后，应针对个别的模具交换，通过另外的表格记录技术方面的详细设定值。描述时，为了容易理解，应多使用图片、照片等。微调等需要靠感觉、诀窍的地方，尽可能以具体的表现进行变化。根据状况和场合，体现出随时间的变化。最后，利用测量工具，尽量用数字来反映变化量。另外，当必须以不稳妥的姿势来进行精密的数值设定时，双脚、腰和手的位置等根据需要进行描述。

10-2 // 外准备作业的标准化

一般的外准备包括：材料的供给，模具、治具、刀具、程序、图纸、产品包装箱、二次利用材料、废料的交换等。从放置的仓库、货架处选择必要的物品，用吊车、叉车或 AGV 等运输工具运送到指定生产线的规定场所。到规定场所后，应直接放在设备自动更换台车上，尽量不要临时放置。自动更换台车用的电、水、压缩空气等管线接口应事先打开，在连接前的工作由外准备作业员负责，当然，还应该负责模具的拆下，以及事后的清扫、简单的检查工作。如果旧模具有缺陷，应联络指定的担当者，在下次生产前修复。这类检查的重点是作业员难以发现的地方，这是绝对不能忘记的职能。

对于吊车、叉车的操作技能、技术，应重点考虑安全，经常根据最新的法律、知识及技能，不断提高，这是非常重要的。先确定这些作业的临时标准，再进行改善。例如，仓库、货架在工厂内的配置；放在货架上的物料布局、运输线路的缩短、运输工具的优化，这些作业标准要按作业改善来进行改变。

这些也是推进改善的基础数据。

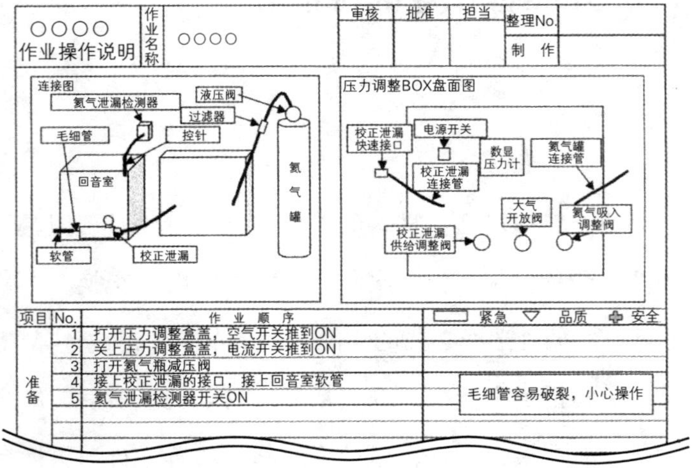

项目	No.	作业顺序	
准备	1	打开压力调整盒盖，空气开关推到ON	
	2	关上压力调整盒盖，电流开关推到ON	
	3	打开氮气瓶减压阀	
	4	接上校正泄漏的接口，接上回音室软管	毛细管容易破裂，小心操作
	5	氮气泄漏检测器开关ON	

这里是重点！

准备作业实施标准化，通过教育培训来完成。包括安全在内的标准要有能保证稳定运营的作用。

第 11 章

准备作业的改善道场

工场内的道场种类有很多。一般有：车床作业、抛光作业等技能检定类的，公司内特殊技能培养类的，以及与之相关的安全卫生培训类的。有些企业甚至设置了类似于职业训练学校的讲座。但 TPM、TPS 等现场改善活动是提升企业体质的，这样的改善道场也在兴起。改善道场有很多种类。有针对品质问题，在 QC 事例中应用 QC7 大手法、通过 QC 圈实施改善的品质改善道场；有通过自主保全圈改善调整 7 大损失的设备改善道场；有通过自主研究会改善 7 大浪费的作业改善道场等。最近，又有了针对劳动安全、设备安全的安全卫生道场、以 3R 为中心的环境道场。

11-1 // 技能训练道场

作为国家技能检定指定项目的道场，归属于企业人事部、教育部人才开发部等，配备有专门用于测试或训练用的元器件或机床等，以 2 年左右为一个训练周期。有的地方配备了专业的教官，实现全寄宿制。以各县的技能比武大会、技能奥林匹克为目标的企业在增加。参加各大会的选手在企业中负责晚辈培养，活跃在工厂的试生产、保全部门的最前线。

11-2 // 改善道场

改善道场中，实际操作技能培养是必不可少的。首先对作业进行观察，理解作业的构成，进行作业分解与重构；其次，让各个要素作业中的浪费暴露出来，采取对策。

①改善道场的目的

必须有发现现场问题的眼睛（眼力）、将其改善的双手（技能），进而拥有让相关者认识到问题的能力（说服力）。

11-3 // 改善道场的组织定位

①全公司组织的时候

很多是由人事部、教育部来设置的，由公司的常务董事来担任道场领导，进行统管。人事部、教育部的职能是将技能教育进行全盘汇总，确定与技能教育相关的公司方针、对企业外部进行信息发布，并作为接受外部信息的窗口。

对外进行国家技能检定及技能奥林匹克，有机溶剂操作作业负责人等的安全卫生、资格考试培训等。对内更多的是进行公司内部技能检定新规定的制定、岗位培训等。

可以从全公司中选拔技术、技能卓越，威望高的人担任讲师，也可以邀请公司外部有能力的人、其他企业的专业技术人员等。

教材方面，基础的、理论的教材，可以根据自己公司学员的水平，制定符合公司性质的教材。在实际操作方面，设置有通用性的单元装置。例如将流体设备等用剖切模型来展示的话，可以帮助学员理解其机械原理。当完成了规定的课程后，要对理解程度进行测试，合格者由公司常务董事颁发结业证书，作为职务晋升的条件。作业改善方面，更多的是以教材为基础进行课堂教育，内容包括思考方法、推进方法及重要性等。

②事业部、工厂级的道场

按事业部设置的道场。当有几个同样的工厂时，采用的方法是：各工厂分别负责不同的技能道场设置，从全公司向各道场派遣人员。该事业部、工厂的独特的技能培养是通过利用闲置且与实际生产中同样的设备来进行的。

例如，在铸造工厂中，在更换抽芯铸造模具时，电源、燃气的供给方法、烫伤与粉尘等的安全卫生事项等，有很多要注意的地方。电炉中产生的废气、粉尘、有毒气体等也要注意。又如，在涂装工厂中，则有涂料的性质、火灾与中毒相关的事项，涂装的品质、涂装机械手、涂料废渣及其处理方法等。针对准备作业改善，要对工厂中在上述项目中的独特注意事项、技能进行详细的实操指导。包括双脚的位置、手腕的高度、用力的方法、工具的握法、量具的确认方法、叉车及吊车等运输工具的使用方法等。

对教材来说，除了个别性质的教材外，还要有单项练习、配合视频教育等，要注意品质与安全。讲师则由该工种的专家、拥有成熟改善技术的监督者来担任。

③课、系级别的道场

实际工作中，包括确认吊机绳索的种类、缺陷等问题的发现方法，搬运重物时的抬起与放下方法、吊钩防脱落的确认、地面性状的确认、工具精密部分良否的判断等教育，以及严格的作业态度、作业着装的教育都可以成为教育的具体内容。这里可以采用技能地图（星取表）来表达每个员工的个人技能，并张贴出来，让员工知道年度教育计划及实绩。星取表是一种描述员工个人对所在工作岗位上的技术、技能掌握到何种程度的表单，大多将其分为 4 个技能等级。

例如：1 级，不会作业；2 级，有人指导时可以做；3 级，可以独立操作；4 级，可以指导他人作业。

这 4 个等级是通过将一个圆划分为 4 等分，在相应等级上涂上颜色来表示的。这样，不仅能一目了然地知道当下作业员的技术、技能水平，对今后的教育训练计划的制定也有用。

然后，让熟练常规操作者接受准备作业训练。在进行充分的准备作业训练后，就会注意到现有作业中存在的问题点。

图11-1　星取表

11-4 // 改善道场的教材

①教材

教材分为两种：一种是在道场接受培训的学员用教材，另一种是在指导学员时指导者用的。培训学员用的教材应尽可能多地使用图片、照片。例如，模具定位时导向的使用方法，以及定位与粗定位、多个定位的操作方法等。指导者用的教材中，不仅要包括技术性内容，还要把改善的经济性、人才培养的重要性等也写进去。

在展示改善案例时，要写明着眼点及实施改善的动机、原因，当有多个提案时，还要写明挑选的理由。也要写明改善所花费的经费、人工及改善的效果。另外，在品质、安全、环境方面是否会出问题，要进行事前的检讨。甚至当发生预料之外的次生问题时，应另外编制次生问题案例集，进行重点预防检讨，充分汇集各种技术，用于对指导者进行特别教育。

②模拟套件

在实物很大，或者系统由很多部件组成而无法进行判别的情况下，可以利用小型模型、简化不必要部分等办法制作模拟套件。另外，如果有必要，可以做成剖切模型。这样的话，对原本从外部无法观察到的内部结构也能够充分理解。例如，要对压力进行细微的调节时，调节阀的手柄转动半圈，将产生怎样的变化、调节时施力的状况也可以用肉眼观察到。

③小型真实设备

如前所述，利用移动方便的小型真实设备，特别是可以有效利用旧的、现在不再使用的生产设备，编制成迷你生产线直接拿来进行准备作业，并进行录像，找出其中的问题点。然后将其交给全体学员进行讨论，研究改善方案。还可以对真实设备周围的安全状况、容易发生误操作的状况进行研究。

这里是重点！

利用模拟套件、剖切模型、真实设备（闲置）等是有效的手段。

11-5 // 领导与技能

领导的作用体现在 4 个方面：使组织的内部形成向心力、协调相关部门、洞察外部环境变化及在此基础上设定目标、带领组织开展工作。例如，对于经营高层来说，对外部环境的洞察力和事业驱动能力就很重要。而对于现场改善与教育训练担当者来说，内部凝聚能力是必需的。不管什么样的组织，因为各个对象之间存在个体的差异，这四项都是必需的。

对领导来说，技能是必需的条件，这些技能分为下述 4 个方面：

①专业技术

必须掌握与职务相关的技术、知识，这是履行职务的基础能力，是现场监督者必要的技能，必须能够通过改善提案数等数字来体现。

②人员管理能力

主要是对人的管理能力，包括协调能力、说服的能力、沟通能力等。首先，要有让人理解的能力，其次是动员人的能力，这些构成了组织的凝聚力。这是中层管理者必须具备的能力。

③理念能力

这是一种理念方面的能力。应用新理念开展经营的方法等，对于改变组织的思路起着重大的影响。这是在掌握事物全局，洞察环境快速变化的本质，推进战略经营时的必要技能。

④文化能力

这是建立企业文化的能力。创业时的思想对于经营理念有着重要的影响，只有拥有稳固根基的经营组织才有强大的竞争力。

作为改善道场的老师，除了必须拥有专业技能与人员管理技能，还要有能够影响高层经营的能力。

这里是重点！

改善道场的领导不但要具备专业技能和人员管理技能，还要有能够影响高层的技能。

11-6 // 改善手法

(1) ECRS

ELIMINATE（消除）、CONBINE（合并）、REARRANGE（转换）、SIMPLIFY（简化）英文首字母的缩写，表示改善的基本方向。这是用于 VE/VA 创意的手法。在准备作业改善方面，不但在设备部件构成、设置位置等改善方面发挥作用，在准备作业中，将作业分解为要素作业方面，这种方法也能取得很好的效果。例如，为了让操作面板上的按钮容易操作、方便目视确认，且不容易产生误操作，可以对面板进行调整（改变组合方式），从而缩短操作时间。或者对操作面板、附属面板进行再检讨，实施局部的整合（合并），也能成为好的创意。

(2) 标准作业组合票、标准作业票、各工程能力表

丰田生产方式中的基本工具——标准作业组合票、标准作业票、各工程能力表（这些被称作丰田生产方式的“作业三票”）中，对于作业改善有直接作用的是标准作业组合票和标准作业票。

下面以正常生产状况为前提进行解说。

①标准作业组合票

在作业改善中发挥着巨大的威力。特别是在单台设备、单人的作业改善方面，可以对作业进行详细的分析。制作方法是这样的：首先，对作业进行仔细的观察，确定对象范围，基本要点是确定一个作业人员，了解其作业范围。进行 10 次作业测定，将作业的不稳定程度、作业顺序的遵守程度，以及突发情况的内容记录在观测用纸上。将最短一次的时间作为标准作业时间，来实施改善。当然，对作业的不稳定、突发事件要采取对策，以使其不再发生。

其次，将设定的标准作业时间分解成要素作业。分解出来的要素作业时间用秒表进行测定。要素作业与要素作业中间，如果有步行等场所变动，也要测定时间。将要素作业按作业顺序记录在标准作业组合票中，时间也要记录。时间画成像甘特图中的横线那样，要素作业间的步行时间以波浪线表示，并连接要素作业。

通常情况下，分析连续作业时，以符合节拍时间为目标，为了追求零准备作业时间，不需要在节拍时间内标注相应直线。但是，在设定目标时，要标注节拍时间的目标时间线（节拍是指在一定的计划时间内，一般情况下，一天为 8 小时的较多。将这个时间除以一天的生产数量就是节拍时间。也就是说，节拍时间是指每生产 1 个产品所需要的时间。一天 8 小时如果做 8

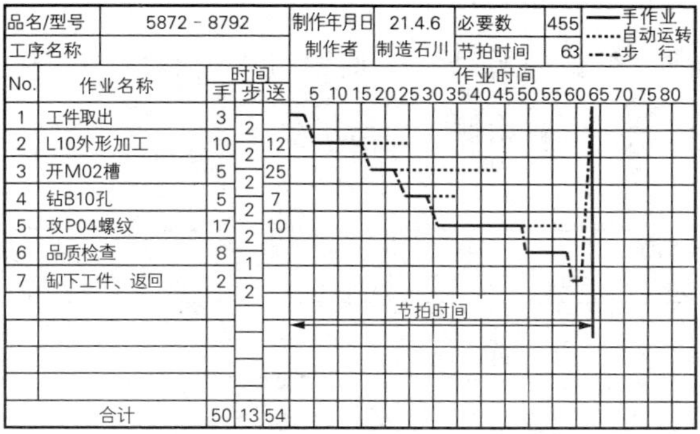

图11-2 标准作业组合票

个，节拍时间就是 60 分钟。如果实际比这个快，就会形成库存）。

改善的第一着眼点是步行。可以说，准备作业类似常规作业。但是，在进行机械设备的辅助操作面板的操作时、辅助装置的收纳与设置时，经常要从设备前面跑到后面，频繁走动。要从消除这些步行浪费开始。

②标准作业票

在设备布局图中记录作业者作业顺序、移动的步行路线，可以确认其中是否有步行浪费。改善对象是一眼就可以看出的、过于复杂的浪费。另外，逆向、交叉步行也是问题。

③各工程能力表

这是一种当生产线主要由设备构成，将各种设备生产速度在一栏中表达的工具，明确工程能力最低的设备、工序，将其作为改善对象，并检讨改善的方法。也可以说它是用来调查瓶颈的。另外，在进行作业改善时，可以说是用于制作类似山积表的工具。这里同样不要忘记节拍的概念。

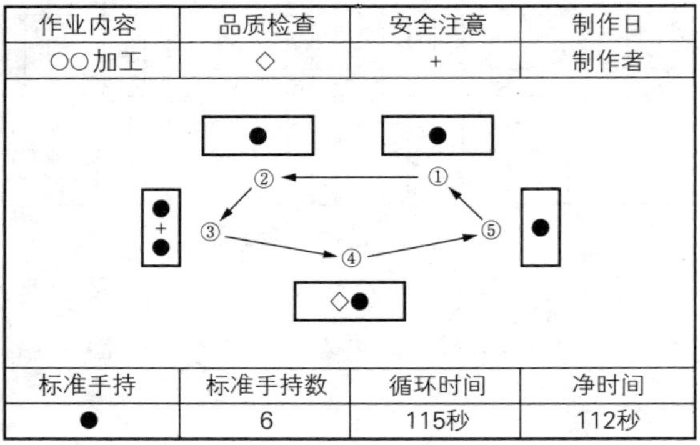

图11-3 标准作业表

表11-1 各工程能力

各工程能力表			型号		8210-3876			型式	LS01		符号	改订	年月日	审核	制作
			品名					个数							
			基本时间						刀具						
No.	工程名称	机型	手动时间 分	手动时间 秒	自动时间 分	自动时间 秒	完成时间 分	完成时间 秒	更换个数	更换时间	加工能力	备注			
1	取出工件	—		3		0			—	—		一般不写在能力表中			
2	外面切削	L10		10		10			150	1分20秒					
3	开槽	M02		5		23			150	40秒					
4	钻孔	B10		5		7			150	2分30秒					
5	攻螺纹	P04		17		10			150	2分00秒					
6	品质确认	—		8		0									
7	完成品放置	—		2		0						一般不写在能力表中			

(3) 视频截图

在进行准备作业改善时，各个装置、单元的运动是怎样变化的、与人的关系是怎样的等，通过视频中的截图来进行展示，并组建改善小组，对动作顺序的问题点、是否可以并行作业、相关人员是否有步行浪费、动作浪费等进行检查的时候，是一种有效的工具。视频截图在制作时，开始状态与结束状态必须保持一致。

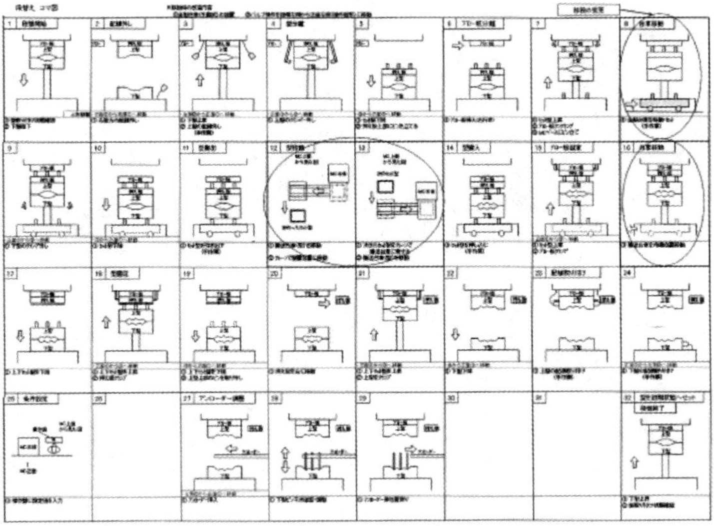

图11-4 视频截图

(4) 人机图

对在一个时间段的设备的运动和该设备的操作者的动作进行详细记述，将动作内容与作业内容合并记录的图称为人机图。

这样做的目的是明确设备的等待与操作者的等待，让浪费显现出来，以对实施改善的难易度、经济性及效果进行检讨，确定消除闲余时间的优先顺序。

表11-2　人机图

<table>
<tr><th>时间（分）</th><th>作业者A</th><th>机械A</th></tr>
<tr><td>5</td><td>材料清扫</td><td>停机</td></tr>
<tr><td>10</td><td>材料放到机械A上</td><td>材料放置</td></tr>
<tr><td>15</td><td>清扫下一个材料</td><td rowspan="6">自动运转</td></tr>
<tr><td>20</td><td rowspan="5">等待</td></tr>
<tr><td>25</td></tr>
<tr><td>30</td></tr>
<tr><td>35</td></tr>
<tr><td>40</td></tr>
<tr><td>45</td><td>从机械中取出材料A</td><td>材料取出</td></tr>
<tr><td>50</td><td>移到下道工序</td><td>停机中</td></tr>
<tr><td>55</td><td>材料放到机械A上</td><td>材料放置</td></tr>
<tr><td>60</td><td>清扫下一个材料</td><td rowspan="4">自动运转</td></tr>
<tr><td>65</td><td></td></tr>
<tr><td>70</td><td rowspan="2">等待</td></tr>
<tr><td>75</td></tr>
</table>

（5）联合作业分析

用于表达在同一个时间轴上多台设备、多名操作者的动作，可以明确地表达出各自的等待时间。当各工程连成生产线时，检讨的重点是各工程的作业时间差异。

这里是重点！

各种手法，特别是分析手法，是形成具体改善提案的关键。

11-7 // 改善七工具

这些工具不局限于准备作业改善时使用，要经常带在手边以备随时使用。

①秒表

用于挑战准备作业时间。秒表是必需的工具。应经常挂在脖子上，将表置于胸口的口袋里。如果仅是挂在胸口，当需要低下头时，秒表会和胸前的其他物品碰撞而导致损坏。不要用指尖进行操作，应用拇指指腹来进行操作。

②放大镜

对于品质不良状况、设备部件损坏状况、切屑及边角料等，废料的形状及断面、油品中的夹杂物等，如果稍微放大一些就可以进行现场确认了，在现场进行原因推断时是一个有效的工具。放大镜的种类有眼镜式、圆盘式、笔式等。有些还可以改变倍率，根据观察对象来进行选择。观察后要立刻画下来，并添加备注。在观察完加工点及其周围后，如果能推定出不符合的原因，也要记下来。

③录音笔

用于记录检讨会、采访、机械运转的声音等。在进行工厂调查等活动时，关注到的点可以用录音代替笔记。有时可以通过机械运转的声音了解到其周期性、空气泄漏、机械劣化等状况。

④卷尺、简易卡尺

用于测量设备及作业空间、材料尺寸、作业者的步行距离、作业台与材料、工具之间的距离等作业范围，从屋顶上吊下来的工具的高度等，要记录在标准作业票或步行图等上面。如果卷尺上附有水平仪，还可以对平台的水平进行检测。简易卡尺、钢尺等可以用于测量零部件的尺寸、材料厚度、设备设定值等，以便进行现场确认。

⑤数码相机、摄像机

在对作业状况、作业人员配置、设备配置、材料或作业员、设备、工具的位置关系、安全卫生问题、不良品状况、破损零部件进行分析时，可以用来拍摄。

使用摄像机容易看清设备或作业员的动作，可以对作业停顿发生状况、根据作业者作业姿势了解其作业的熟练度等信息进行提炼分析。

⑥计算器

在使用秒表测得循环时间等数据后，可以通过简单计算，获得稼动率、节拍时间等各种生产指标。不需要使用函数计算器，一般的计算器即可。简单的数据虽然可以心算，但用计算器可以减少误算。

⑦观测板

硬质的板或头上可以悬挂的更好用。虽然有些可以折叠，并在内部藏有计算器、纸、笔等，但最重要的是要轻且牢固，弄脏时容易清洁。

表11-3 准备作业七工具

序号	名　　称	主 要 作 用
1	秒表	用于测定准备作业各项时间
2	放大镜	现场确认品质不良的状况、设备零部件破损状况等，废料形状及断面、油品等
3	录音笔	记录检讨会、采访、机械运转等声音
4	卷尺、简易卡尺	各种宽度、尺寸、步行距离等的测量
5	数码相机、摄像机	对于作业现场状况、设备配置、位置关系等通过摄影后进行分析
6	计算器	对各种测定数据进行计算，概略地计算出各种生产指标
7	观测板	使得各种计算测量、作业记录等高效化

11-8 // 准备作业七工具

①呆扳手、内六角扳手、起子

是对螺栓、螺钉进行松紧时使用频率最高的工具。常用的螺栓有六角螺栓、内六角螺栓、T 形槽用四角螺栓、蝶形螺丝等，选择与之相适应的扳手。

②滚筒/滚轮/万向滚筒

为了便于让模具、材料等重物回到原位置，往往会在下面垫上枕块等物件，很多情况下会利用模具台车。单一方向的移动一般会利用圆筒形、圆板形物件，多方向移动时就要采用球形万向滚轮。

③定位治具

包括山型的变形六角形定位块、T 形槽用定位块及定位导向用移动块等。模具通过吊具等从上向下定位时，可以利用桌面、平台等定位。当没有 T 形槽作定位，从侧面推动模具进行定位时，可以利用模具端面和定位杆、定位导向板进行定位。用定位杆定位时，常常利用在模具的侧面安装带有缺口的定位块进行定位。

④锁紧治具

有锁紧片、锁紧块、绳索锁紧型、椭圆锁紧型、环扣锁紧型、自动锁紧型等类型。根据模具的大小来选择最合适的锁紧方式。在使用自动锁紧型时，为了不发生失误、保证安全，应安装锁紧传感器。

⑤长钩等过渡工具

在吊装模具时，绳索套在模具的挂钩上后，在落地时，手容易被夹在绳索与模具之间。为此，需要用长钩来保持绳索。另外，当使用大型模具进行冲压时，打扫模具中的边角料时，需要使用长钩。

⑥准备作业专用台车

用于搬运从机械上拆卸下来的模具、治具至指定场所，或者从指定场所到机械上的模具、治具。很多冲压（板材冲压、锻造等）模具是上下开合的模具，从设备的侧面来交换模具。压铸、注塑模具很多是左右开合型的，常利用吊钩来进行模具交换。这时，会占用很多吊机的时间，这时，利用准备作业专用台车将模具搬运到机械本体附近是一个好的办法。

⑦放置场所、模具用货架

小型轻型模具的货架要彻底实施 2S 管理。在标明模具位置的同时，还要将使用频度高的模具放置在搬运距离最近的地方。而且一定要安装好防止跌落的栏杆。重型模具可以放在工厂内的地面上，但如果不确认好地面的承载能力，将会压塌地面，为了使重量分散，必须铺上厚钢板等。必要时还应做好防止地震的措施。

表11-4 准备作业七工具

序号	名　称	主 要 作 用
1	呆扳手、内六角扳手、起子	用于进行螺栓、螺钉的松紧 使用频度最高
2	滚筒/滚轮/万向滚筒	模具、材料等归位时使用。垫上枕块放在模具安装台车上
3	定位治具	利用吊机等将模具自上而下地定位
4	锁紧治具	根据模具的大小、重量等区分使用是要点
5	长钩等过渡工具	将绳索套在模具上时使用，包括撬棒、长杆等
6	准备作业专用台车	将模具、治具取出、搬运时使用。外准备时最重要
7	放置场所、模具用货架	为了减少放置面积的小型模具货架。用于旋转小型模具、治具等，2S重要

11-9 // 模具等方面的基准

模具外形尺寸规格等的统一

①模具高度

为了将上模安装到冲床的上模座或滑块上，让上模座与模具密切接触，需要降下来；由于模具高度随模具不同而不同，这时需要对设备的模高进行调整。考虑到做好的模具在生产中的实际使用，在上模上配置调整板以使各模具的模高统一化。否则，切换生产线时，作业困难是一方面，今后的自动化也难实施。

②前后、左右尺寸

以模具为中心进行分配，大小确定后，左右前后的定位是容易的。前后的定位可以利用定位销、凹凸定位块，左右定位可以利用工作台上的滑动导轨，轻松地实现定位。

③模具固定座

上模、下模所用螺栓，下模自动锁紧装置用安装座的位置与尺寸，特别是座的高度和 U 形槽的宽度应统一。如果座的高度低了，可以加垫块，如果高了就切削掉一些。让 T 形螺栓在 T 形槽的前后两端进行移动，在螺栓的外侧制作螺栓座，将螺栓

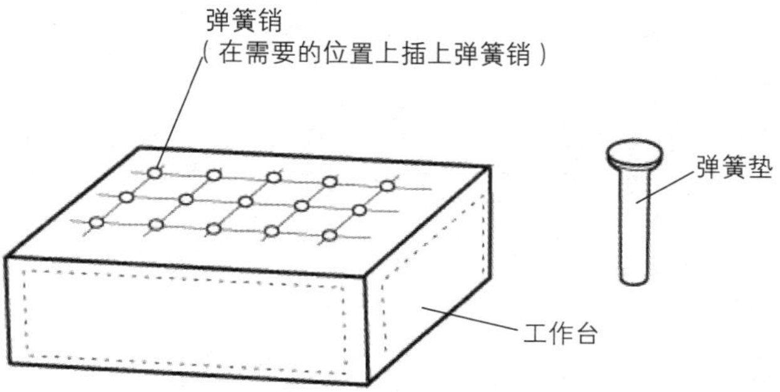

图11-5 弹簧销的配置

搁在这里，就不需要从 T 形槽中取下来了。

④电气及各种流体连接

电机等使用的动力电源、传感器用信号线的连接，冷却水、蒸汽、空气等流体管道的连接中，在确定接续位置、形式的同时，进行颜色标识，防止误接。如果能够利用工作台的移动，实现自动连接就更好了。

⑤弹簧销

在使用带弹簧垫的模具时，弹簧销的配置就像棋盘一样分布，在需要的位置插上弹簧销。弹簧销的外形要统一。

⑥搬运用挂钩等

吊车用吊钩、叉车用叉脚的插入部位尺寸要统一。

第 12 章

IT 在准备作业计划中的应用

12-1 // 关于 IT 在生产计划制定时的应用

为了增加准备次数、缩短准备作业时间，就要合理地制定生产计划。当只有几项订单时，根据人的判断来制定计划也没有问题，但如果有数百项、数千项计划，仅靠计划制定者的判断，很难做出合理的生产计划。特别是在出现加急订单时，这对其他订单的影响就更难掌握了。

另外，很多工厂中，这种计划调整多数依赖于特定的熟练人员。这里，如果这个熟练者不在了，计划就无法制定了。因此，也可以说这是一种因为过于依赖于人而存在的潜在问题。

像这样，即使在大量的订单面前也能制定合适的生产计划，并且不依赖于某特定人员的课题，IT 可以提供有效的解决方案。

一般所说的生产管理系统都有这样的功能，即接收订单以后，根据需要量制定生产计划。然而，生产管理系统在制定生产日计划时，是以固定的制造周期时间为前提条件来制定生产计划的。因此，要把准备时间考虑进去，制定严密的生产计划就困难了。

生产排程系统的存在就是用于解决这样的问题的。生产排程系统以分、秒为单位进行生产计划的排程，通过有限的设备能力与人员配置，解决负荷的堆积。

这里是重点！

・为了实现最佳生产计划排程，利用 IT 是一种有效的手段。

・在考虑换型准备时间、以小时为单位进行生产计划排程时，生产排程系统是有效的手段。

12-2 // 什么是生产日程

工厂中有数百台设备、数百名员工、数千种模具与治具、每月从市场上获得的订单有数千个。工厂追求的是按订单品种、数量、交期生产出产品。为了高效地满足这样的要求，必须进行生产排程。

在多品种小批量化生产不断加速的今天，产品种类、产品变种不断增加的同时，每批的数量在不断缩小，甚至出现了数量为一个的订单。这些产品在混合生产的同时，客户对于短交期的要求越来越多了。为此，生产计划排程变得越来越复杂了。

以前是依靠人的大脑来进行生产计划的排程，周一开始的生产计划排程是在上周末制定的，周一到周五这段时间，为了推进生产管理相关工作，生产计划制定者会非常繁忙。

这时，如果生产计划制定者突然生病休息，工厂就寸步难行了。另外，很多情况下，这个生产计划制定者都是由拥有高超技能的熟练者担当的。随着人员的高龄化，很多企业中的生产计划制定人员都面临即将退休的情况，要将这些传授给年轻人，也不是一朝一夕的事。

以前，为工厂定制开发的计划排程系统，其费用从 5000 万日元到 1 亿日元，而且是为各工厂特制的。然而，最近有了特殊的生产计划排程系统，是一种价格便宜的套装软件，开始被全世界的工厂导入。生产计划排程系统面向多品种小批量的生产，是实现生产指示、交期回复、生产周期缩短的秘密武器。

这里是重点！

- 最近，廉价的生产计划排程系统问世了。
- 信息共享及不再依靠个人能力是当前亟待解决的课题。

12-3 // 生产排程系统的功能（资源甘特图）

通过生产排程系统制成的生产排程，在电脑上以资源甘特图（图 12-1）来显示。资源甘特图中，纵轴为设备、作业，横轴为日程，即是一种表达设备、人员的日程安排的图表。然后，为每台设备输出作业指示，只要按作业指示进行作业，就可以达成交期。图 12-1 中，各行表示的是资源（设备）。左侧有资源编号，图中的横线表示各工程的作业。

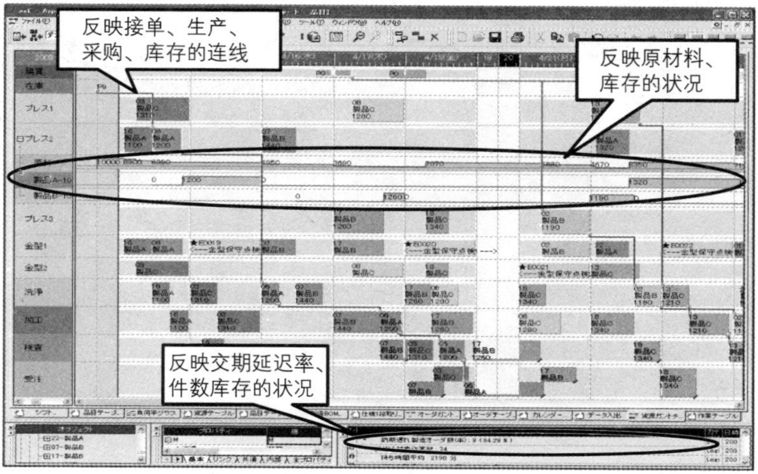

图12-1　资源甘特图示例

另外，作业间用细线连接，用细线连接起来的所有部分构成了生产订单。

这里是重点！

· 利用资源甘特图使得计划排程可视化。

· 通过资源甘特图，可以看清每台设备、每个人的安排。

12-4 // 生产排程系统的功能（负荷图）

如果能够知道下个月所需的必要人数，就可以提前调整临时工人数，削减人工费用。能实现这一功能的是负荷图。

根据生产排程的结果，制成负荷图。只要有未来的内部订单、销售预测信息，就可以将其作为生产订单登录到系统中，进行排程，从而掌握设备及人员的负荷情况。

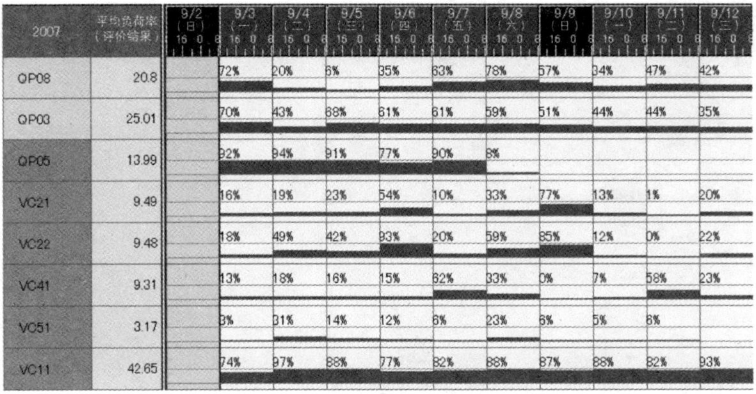

图12-2　负荷图示例

知道了未来的负荷情况，例如，下个月所需要的人数，就可以事先做好安排，从而降低人工成本。另外，瓶颈工序需要特别对待，对瓶颈工序的有效利用，可以提高工厂整体的生产能力。

这里是重点！

·利用负荷图，可以使得必要人数最优化，从而削减人工成本。

·利用负荷图，可以掌握未来的生产瓶颈变动。

12-5 // 生产排程系统的功能（能力表）

当有多个作业人员时，各个作业员掌握的作业内容、作业效率会有差异。用于管理不同的作业技能，以合理分配作业内容的工具是能力表。

	资源编号	资源名称	基本检查	图案一	图案二	构造前处理	构造BCS	构造后处理	支持确认	修正	委外制图	CB确认	CB修正	构造检查	SA作图	纸上作图	完成检查	合计输入
1	1562	加藤	○			○	○	○		○								
2	1598	佐藤	○			○	○	○										
3	7126	栗原															○	
4	7132	千叶	○	○	○													
5	143486	赤间											○	○				
6	171933	岩崎	○			○	○	○										
7	202111	佐原	○	○	○	○	○	○		○								
8	202293	丰岛	○										○	○				
9	601452	小林	○	○	○	○	○	○		○								

图12-3 能力表示例

在工厂现场，常常会贴出能力表（在丰田生产方式中称作“星取表”）。能力表中，左侧一栏为作业员的姓名，上方为作业项目，表内填写的内容是用于表示该作业员是否具备该作业项目能力的记号。

通过这种矩阵式的信息整理，管理变得更轻松。这种能力表的数据可以直接反映到生产排程中。这样，就可以对各作业员的技能进行设定，并将其作为限制条件用于排程。

12-6 // 通过调度作业员降低成本

内准备与外准备做到可视化后，就可以进行生产计划的优化。具体来说，是通过将作业员的作业进行正确的排程，以求获得未来必要人数。排程方法参见图 12-4 的说明。

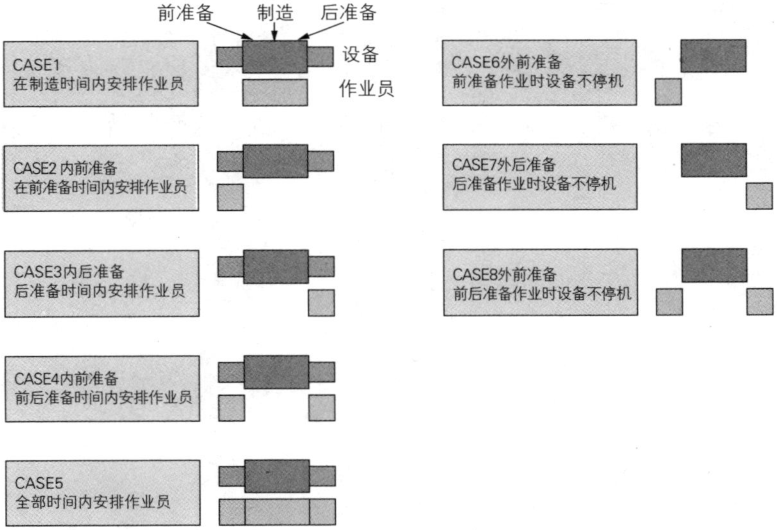

图12-4　作业员的安排

CASE1 是在制造时间内安排作业员，CASE2 只是在前准备中安排作业员。CASE6 是在外前准备的情况。作业员在前准备、制造、后准备的哪个阶段排入，可以在排程系统中进行设置，通过这样的排程，就可以了解作业员的必要人数。另外，还可以设置作业员人数，将其作为限制条件来确定排程。

例如，将下个月的计划订单、销售预测信息作为生产订单，进行计划排程，就可以知道下个月中每天的必要人数。有了这个，就可以减少加班、休息日出勤，对于临时用工也可以进行事先调节，这样就可以降低人工费用了。

这里是重点！

· 根据各个作业员的能力，进行一人多机、一人多工序等安排后，就可以算出必要的人数，从而削减人工费用。

12-7 // 生产数量变更时的应对

本书的第 2 章中叙述了生产数量变化时的应对。具体的应对方法有时间应对、组织应对、增强设备能力应对、减少设备损失时间应对、委外应对等。

各类应对方法，在生产排程系统中的用法如下。

①时间应对

在生产排程系统中，将工作时间登录在换班表中。工作时间可以在各换班单位中登录多个，加班时间也可以自由设置。利用这个功能，可以模拟出是否能通过加班时间的增减来应对生产数量的增减，从而做出判断。

图12-5　换班表

②组织应对

生产数量的增减幅度进一步加大、通过加班难以应对时，就需要其他部门的支援了。这时，就要检讨，由哪个组织的哪个工序，或者是哪个作业员来支援，可以使整体的产能提升。

生产排程系统可以通过负荷图，使得未来的负荷状况可视化。

③增强设备能力应对

设备投资需要大量的资金，因此要慎重。另外，是通过提升一台设备的加工速度，还是追加一台同样的设备来实现能力的提升，这需要根据订单数、批量大小等来进行考虑。

生产排程系统可以对设备追加进行假设，并进行模拟来确

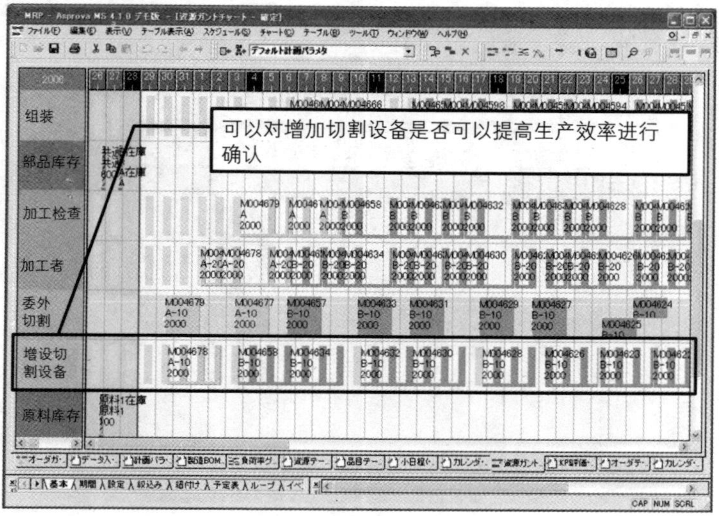

图12-6　增加设备的模拟

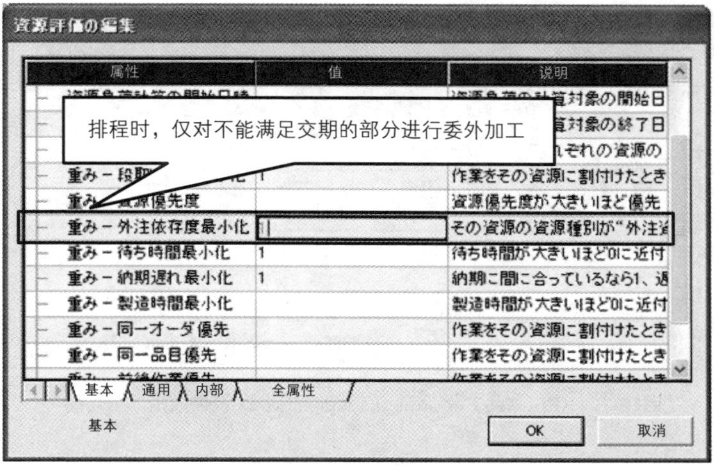

图12-7　委外依赖性的设置

认设备能力增强后的效果。

④减少设备损失时间应对

通过缩短准备时间提高设备效率、减少损失时间，参见12-8。

⑤委外应对

根据委外政策，当数量超过公司自身能力，达到一定量时，就委外进行，但是要准确掌握未来超过部分的量是困难的。

生产排程系统只将无法按期交付的部分自动生成委外计划。

另外，还能够通过生产能力以外的各项指标来确定是否需要进行委外应对。例如，对于利润率低的订单，就会判断在公司内自制。

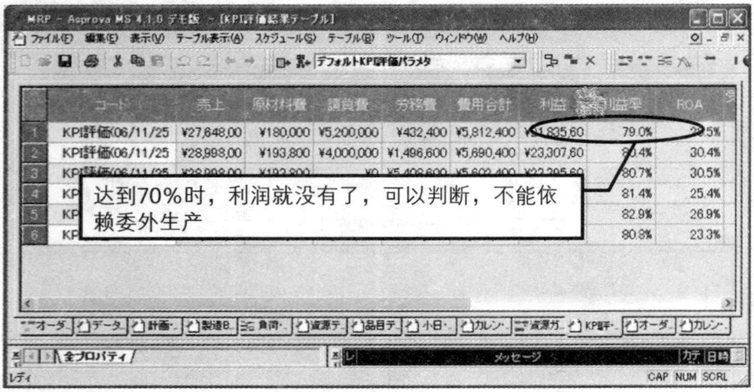

图12-8　KPI（Key Performance Indicator：关键绩效指标）功能

如上所述，生产排程系统可以对长期、短期进行模拟，从而实现资源的高效利用。也就是说，可以对未来生产量的变化进行合理的判断。

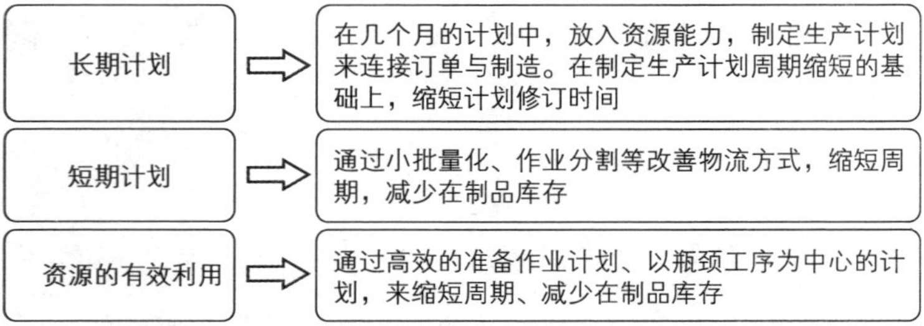

图12-9　生产排程系统的模拟功能

这里是重点！

· 利用生产排程系统，可以做各种各样的模拟。

· 不仅是短期，长期来讲也可以对资源的利用效率进行验证

12-8 // 应用生产排程系统的改善案例

下面介绍利用生产排程系统进行改善的实际案例。见图 12-10，这是准备作业改善前的生产计划。

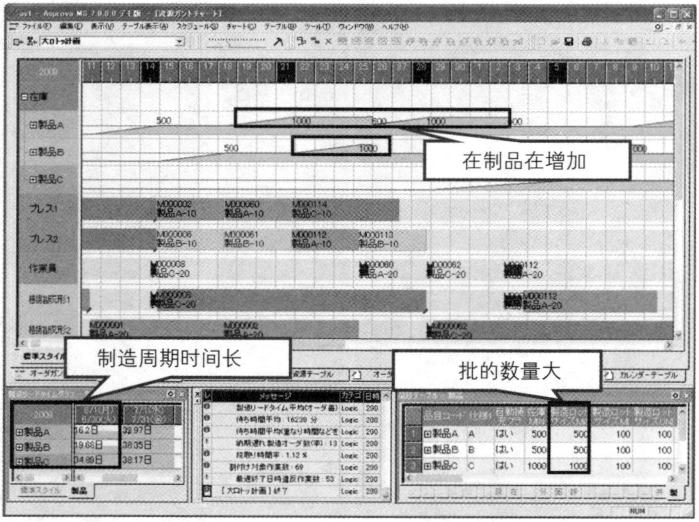

图12-10　大批量的生产计划

产品 A、B 的批量设置为 500 个，C 的批量设置为 1000 个。因此，将使得在制品库存增加，生产周期长。于是，在图 12-11 中很显然，是无法应对紧急订单的。在有大批量订单时，中途来不及出货的部分在小日程计划中，就会产生负库存。

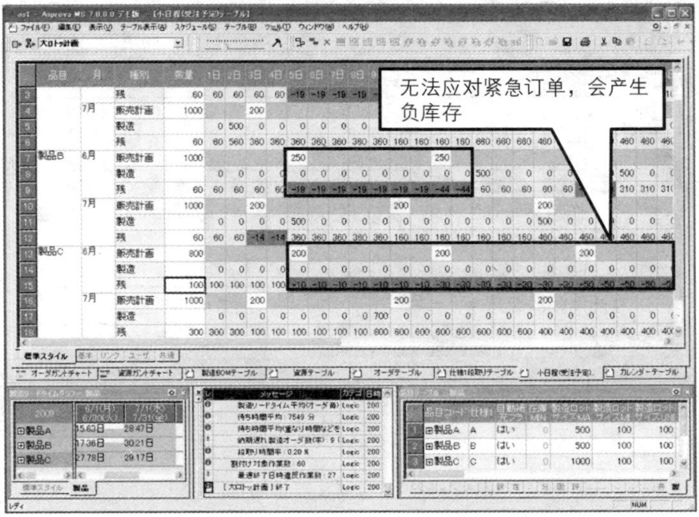

图12-11　大批量时的库存推移

然而，要满足出货，就要保有充足的库存，增加成品库存量。产品的生产周期短的时候，就会出现产品的库存报废。这就是为什么要极力推进准备作业改善，实现小批量生产。

那么，请看在设备能力等条件相同的情况下，仅将生产批量缩短，可以产生的效果。在图 12-12 中可以明显看到，生产批量减少时，在生产周期缩短的同时，库存得到大幅压缩。

而且，紧急插单的应对也变得容易，即使不保有过量的库存，也能应对出货。

同时，在利用生产排程系统制定生产计划时，利用最合理计划排程功能，即使是小批量的，也可以将准备作业次数设置到最小。有了这个功能，在推进小批量化的同时，还可以使准

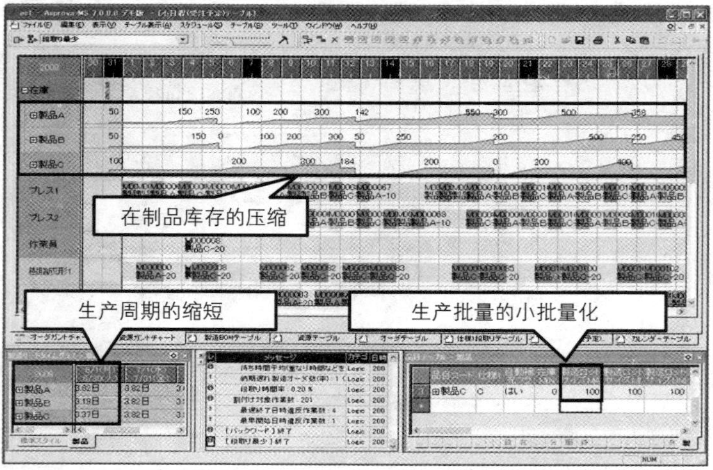

图12-12　小批量生产计划

备作业时间最小化。

下面介绍将内准备改善为外准备时所产生的效果。

图 12-13 和图 12-14 为小批量化后的生产计划和设备负荷图。前面已经讲过，内准备时，因为设备要停下来，为了提高生产效率，所以要尽量减少这种情况。

在这种情况下，内准备转化为外准备的生产计划见图 12-15。从设备负荷来看可能更加容易理解，通过实现内准备向外准备的转化，实现了生产周期的缩短，设备稼动率得到了提高。

如上所述，通过 IT 的应用，生产计划的制定得到最优化，准备作业改善的效果得到更充分的发挥。

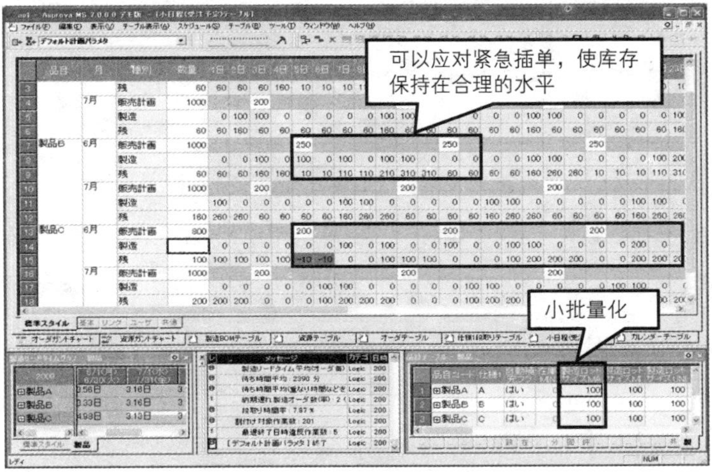

图12–13　小批量化的小日程计划

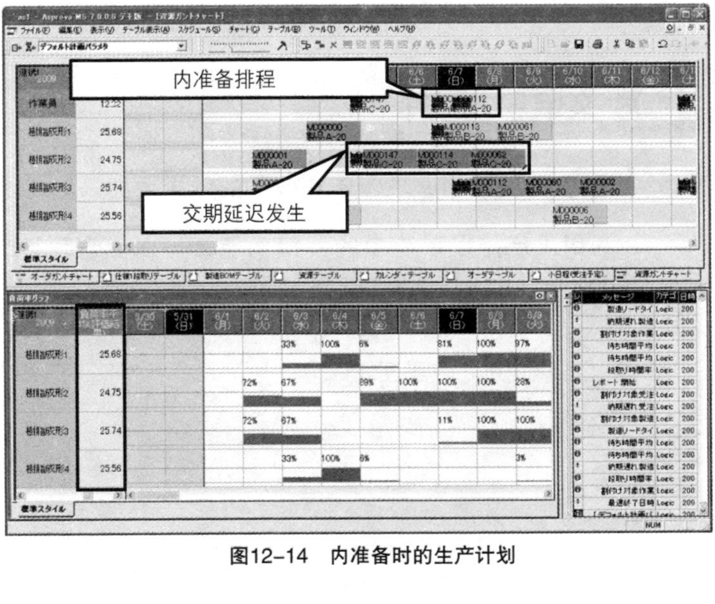

图12–14　内准备时的生产计划

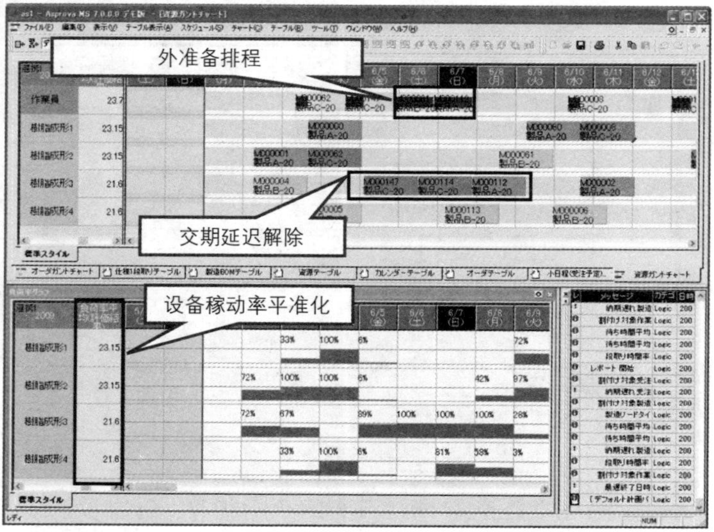

图12-15　外准备生产计划

这里是重点！

· 通过 IT 的应用，准备作业改善的效果更显著。

· 利用生产排程系统中的模拟功能，可以更合理地安排生产计划，并使计划可视化。

12-9 // 应用 IT 的知识，技术的共享、传递

IT 的应用方面，除了上述的利用生产排程系统，在短时间内处理庞大的数据，还可以应用于信息的储存、共享领域。

例如，文件管理系统就是具有代表性的应用方法。具体做法是将作业顺序书、设备操作说明书等文件进行电子化，并作为一个文档保存在文件管理服务器的共享文件夹里。文件管理系统可以实现文件的保存、检索、阅览等，在必要的时间获取必要的信息。当然，还要能够进行访问权限的设置，以满足安全与内部管理制度的要求。对文件管理系统的使用者、对单位设置相关的权限，限制信息的公开范围。另外，针对文件上传，也要根据职务分担，明确申请者、审核者，如果获得批准，就

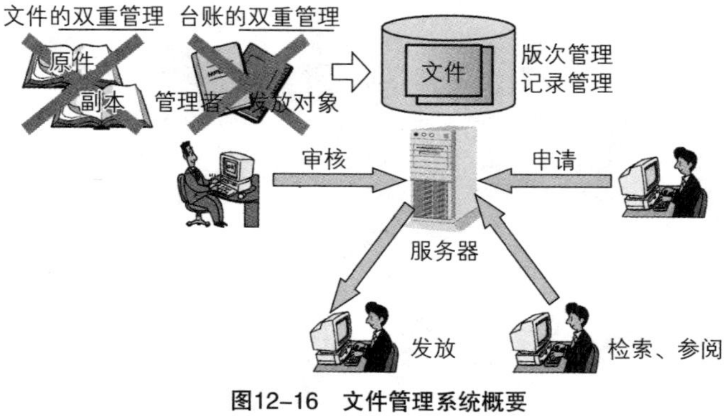

图12-16　文件管理系统概要

无法上传、更新文件。

利用文件管理系统，在实现文件化信息的共享、储存的同时，还可以实现无纸化办公、减少管理文件的工作量。

这里是重点！

· 信息的储存与共享是 IT 擅长的领域，利用文件管理系统，可以实现无纸化办公。

12-10 // 从文件管理系统到知识共享系统

利用文件管理系统，可以对文件化的操作说明书、操作规程等信息进行储存、共享。但是，从技术传递的角度来考虑，仅有文件化的信息还是不够的。

例如，在进行准备作业时，常有许多仅依靠作业标准类文件无法传递的诀窍、技巧等。具体来说，手的位置及身体的运动、角度等，这些不通过眼睛观察就无法理解。这也是为什么同样的作业，不同的人做，会有不同的作业质量。

像这种难以文件化的诀窍、技巧常由各熟练者掌握着。虽然可以通过 OJT 指导，对熟练者的动作进行观察来掌握诀窍，但需要熟练者在各个现场、工厂巡回，会产生时间与费用的

图12-17　知识工具画面

问题。

因此，最近产生了用动画进行 OJT 指导的 IT 技术。说到动画 OJT 指导，很多人马上就想到了电脑。然而，最新 IT 工具的特长是可以将动画和文件进行组合。画面右侧的动画，反映了实际操作的模样，不管谁，一看就能明白。

在画面左侧，显示了作业操作说明等文件信息，可以由此确认具体的作业内容。文章部分还有索引功能，在寻找到目标作业后，可以从想看的位置开始，反复观看动画。

像这样，通过将动画和文件相结合，原来难以传递的技术，也可以高效地传递了。

这里是重点！

- 靠文件难以传递技术。
- 动画和文件相结合，可以有效地实现知识的共享。

第 13 章

准备作业改善案例集

以下的准备作业改善案例（44 例）通过对改善前后进行对比来叙述。包括消除浪费动作、操作面板等的移动、自动化、靠近化、单触化、作业姿态的改善、重体力作业的消除、标准化、动作速度提升等，共分为 11 个区来记录。

区分	
13−1：管理	4例
13−2：种类、尺寸的统一	2例
13−3：单触化	5例
13−4：定位	4例
13−5：移动	2例
13−6：预置	2例
13−7：距离缩短	7例
13−8：速度提升	3例
13−9：自动化	8例
13−10：顺序变更	3例
13−11：重合化	4例

区分	13-1 // 管理（1）
主题	准备作业看板改善，消除准备等待
目的	消除外准备等待
改善前	外准备工程随着产品的不同而不同。外准备作业在时间上来不及完成的情况经常发生。虽然有生产指示看板，但外准备因产品不同而不容易掌握所需时间、开始外准备的时间。 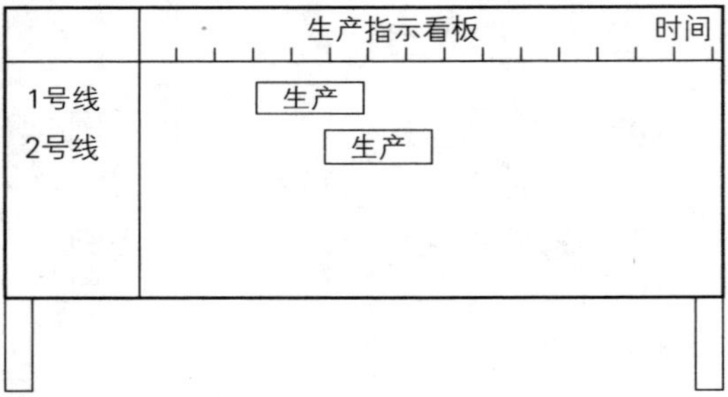
改善后	将准备管理看板与生产指示看板合并，准备作业型时间、换模数、支援者、材料的指示就方便了解，设备闲余时间被消除。 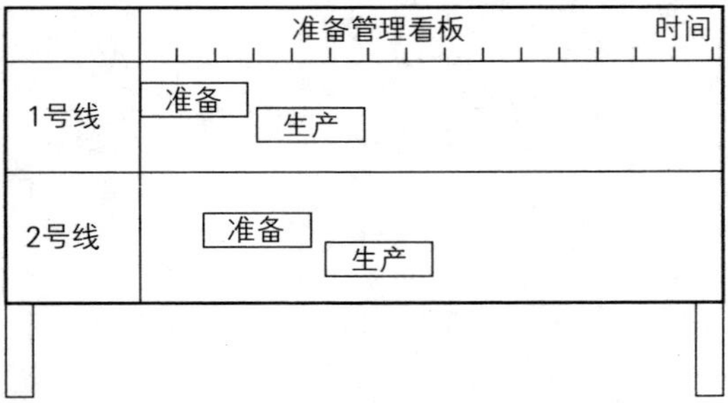
工具	准备管理看板

区分	13–1 // 管理（2）
主题	准备作业利用准备作业检查表，规避遗忘、作业不良
目的	准备作业不良的规避（内准备用、外准备用）

改善前

因为模具不同，准备作业项目的多少、要注意的事项不同，所以有时会忘了设置等。

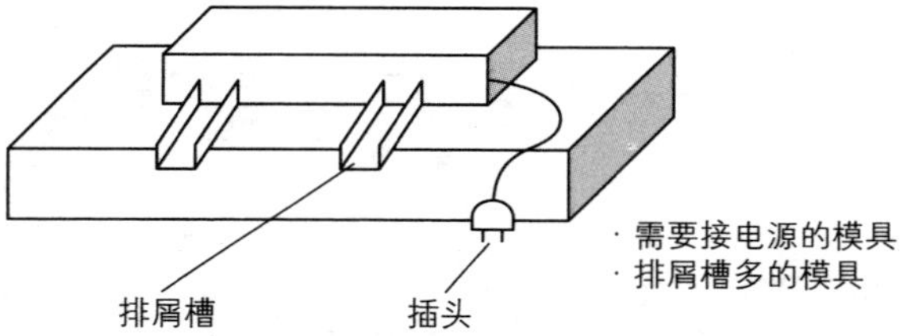

改善后

制作检查表，消除忘记设置的问题。

外准备用		
准备检查表		
型号	○○○○○○○○	
品名	××××××××	
	拉伸模	
1	定位	○ ×
2	空气管4支	○ ×
3	金属接头	○ ×
4	排屑槽	○ ×
:	:	:
:	:	:

工具	准备检查表

<table>
<tr><td>区分</td><td>13-1 // 管理（3）</td></tr>
<tr><td>主题</td><td>消除模具问题导致的准备作业中断</td></tr>
<tr><td>目的</td><td>消除突发的作业中止</td></tr>
<tr><td>改善前</td><td>在生产前对模具进行清扫。在清扫时发现模具缺损，螺钉的缺失松动等，随后的修理会中断准备作业。

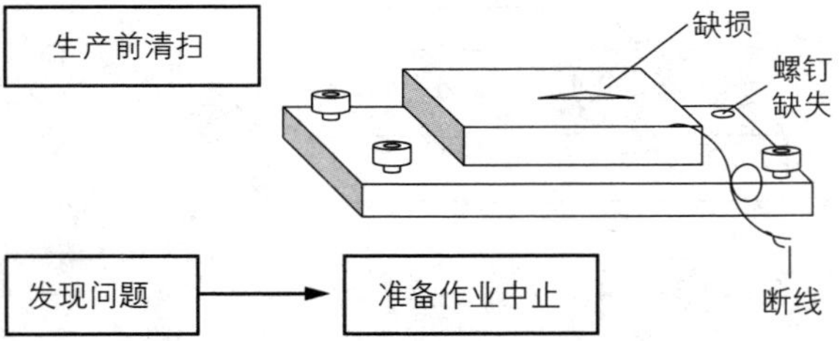

</td></tr>
<tr><td>改善后</td><td>清扫作业在生产完成后的外准备的最后阶段进行。发现问题的话，可以直接送至修理场所进行修复。

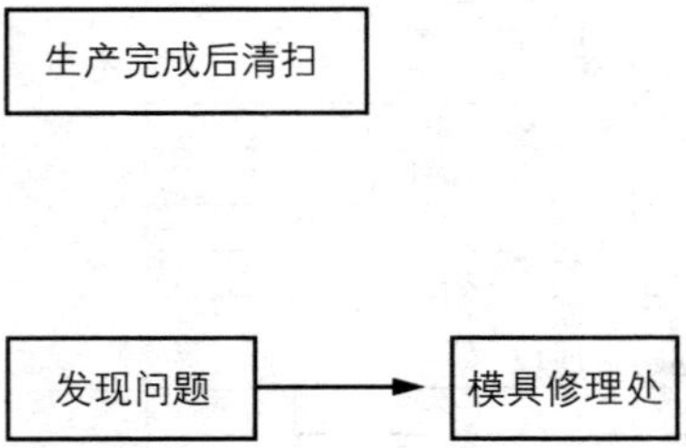

</td></tr>
<tr><td>工具</td><td>清扫时间的变更</td></tr>
</table>

区分	13-1 // 管理（4）
主题	利用准备七大工具的台车防止工具遗忘、缩短寻找工具的时间
目的	缩短寻找准备作业用工具的时间
改善前	准备作业班的工作区放置了用于存放准备作业工具的工具箱，从中取出工具到准备作业场所，有时会丢失工具，寻找工具花的时间也多。 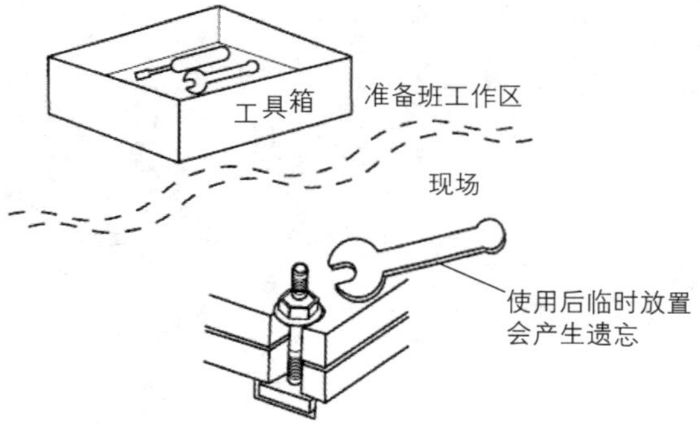
改善后	制作台车，将准备作业用工具（准备作业七工具）放在上面，直接推到准备作业场所。 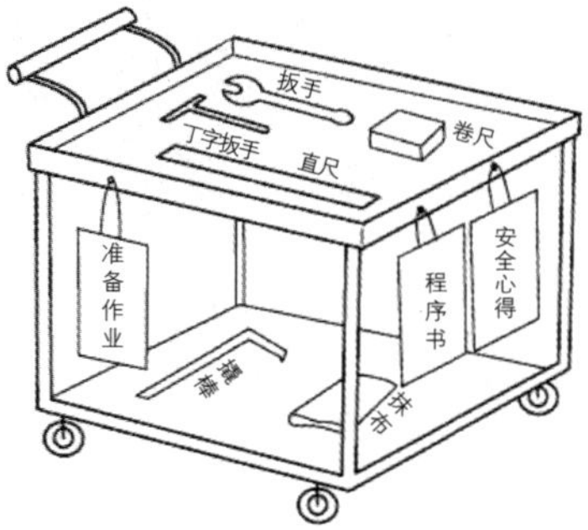 准备七工具台车
工具	准备检查表

区分	13-2 // 种类、尺寸的统一（1）
主题	通过统一螺钉来统一工具
目的	缩短更换工具时间
改善前	M6、M8六角螺钉、内六角螺钉等多个规格存在时，需要频繁地更换M6扳手、丁字六角扳手、M8扳手等工具 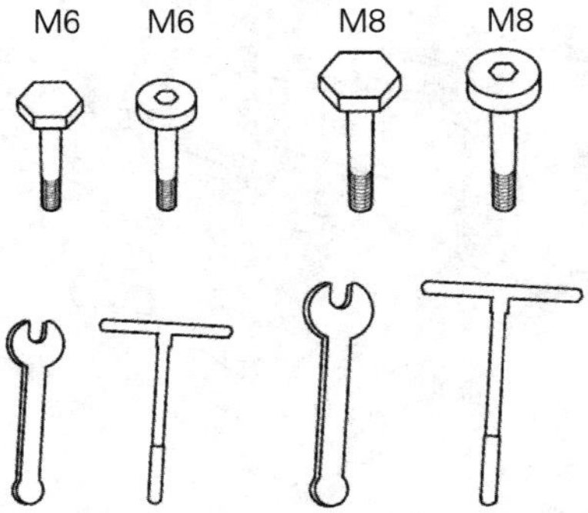
改善后	全部变更为M8内六角螺钉后，只要一把丁字六角扳手就可以进行松紧作业了。 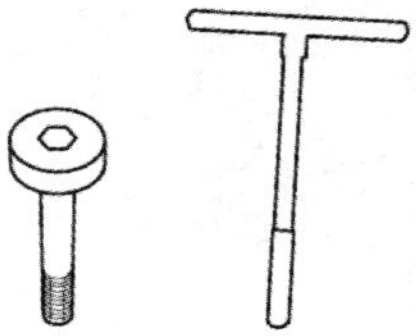
工具	螺钉、丁字六角扳手

<table>
<tr><td>区分</td><td>13-2 // 种类、尺寸的统一（2）</td></tr>
<tr><td>主题</td><td>模具高度统一可以缩短模高调整的时间</td></tr>
<tr><td>目的</td><td>缩短滑块调整时间</td></tr>
<tr><td>改善前</td><td>因为是从别的公司转来的模具，模具高度不同时，通过设备来调整
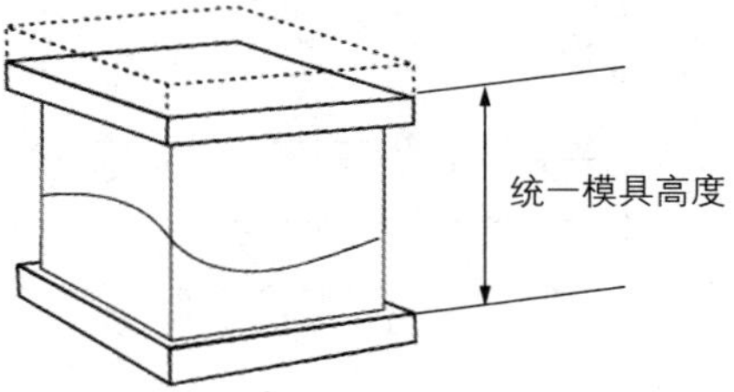
</td></tr>
<tr><td>改善后</td><td>模具高度统一后，就不需要调整滑块了。
→一次下降到位，必要时进行微调。
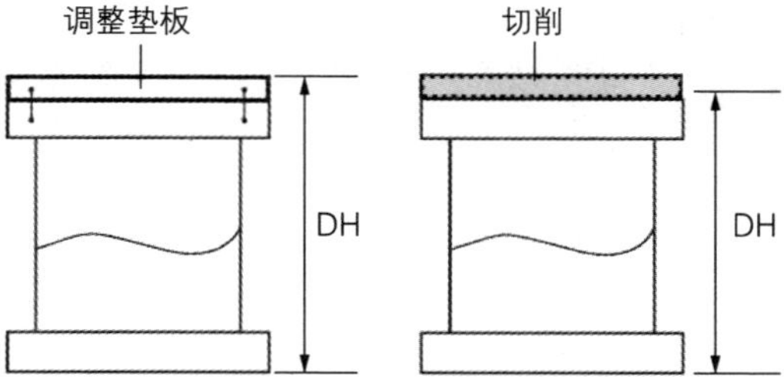

比标准高度低时，加入调整垫板
比标准高度高时，切削掉</td></tr>
<tr><td>工具</td><td>调整垫板、上模架切削</td></tr>
</table>

区分	13-3 // 单触化（1）
主题	从螺钉（内六角）到梨形孔、蝶形化
目的	缩短松、紧所用时间
改善前	流水式冲压线上，手柄导轨是用螺钉固定在移动杆上的。 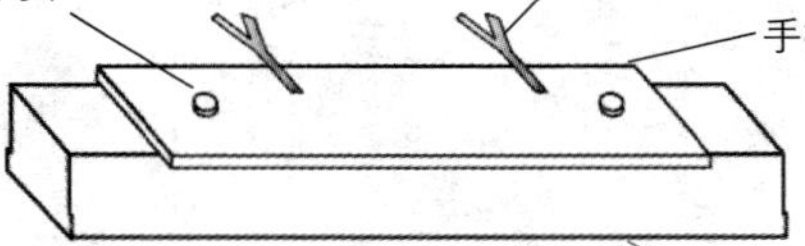
改善后	蝶形化 （在内六角螺钉上焊手柄） 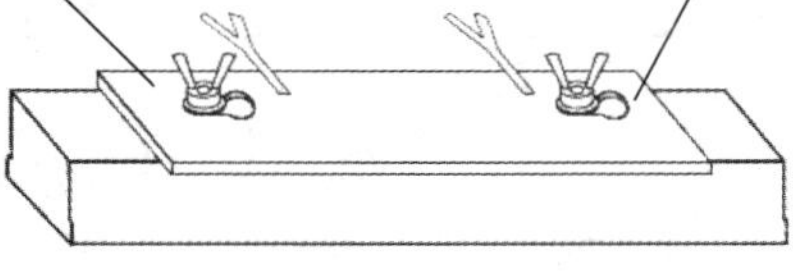
工具	蝶形螺钉、梨形孔

<table>
<tr><td>区分</td><td>13-3 // 单触化（2）</td></tr>
<tr><td>主题</td><td>滑块式尺寸测量</td></tr>
<tr><td>目的</td><td>缩短尺寸测量时间</td></tr>
<tr><td>改善前</td><td>各种定位中，A尺寸是通过螺钉的松紧来调节的
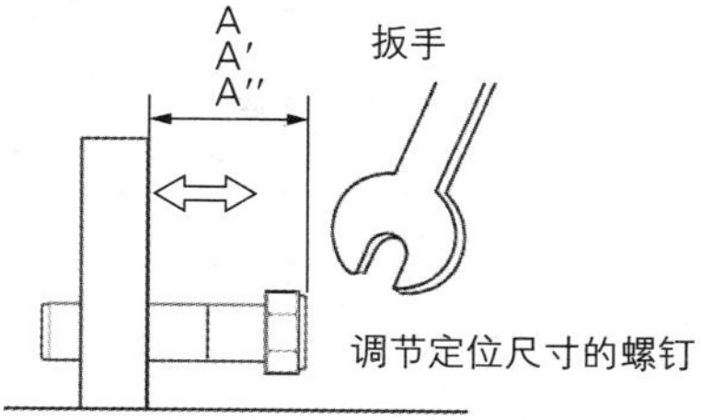
</td></tr>
<tr><td>改善后</td><td>定位尺寸已经做成台阶式的块，开长孔以便滑动，可以实现单触定位。
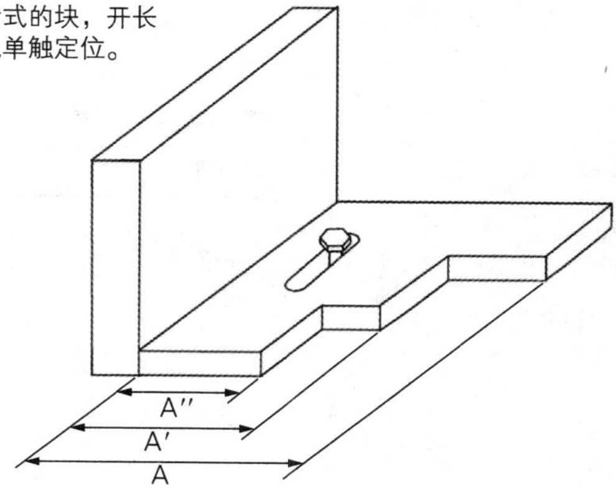
</td></tr>
<tr><td>工具</td><td>滑动式台阶块</td></tr>
</table>

<table>
<tr><td>区分</td><td>13-3 // 单触化（3）</td></tr>
<tr><td>主题</td><td>利用侧倒式螺钉转一圈完成松紧</td></tr>
<tr><td>目的</td><td>缩短松紧螺钉的时间</td></tr>
<tr><td>改善前</td><td>六角螺钉固定时，要拧到螺钉可以从下板中抽出。
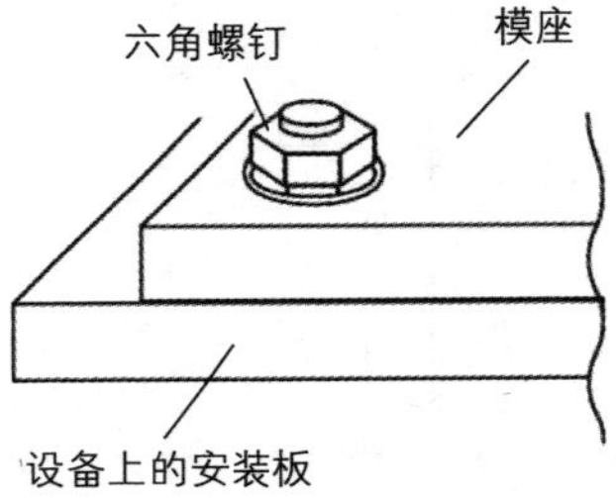
</td></tr>
<tr><td>改善后</td><td>利用侧倒式螺钉，只要拧一圈就可以了。
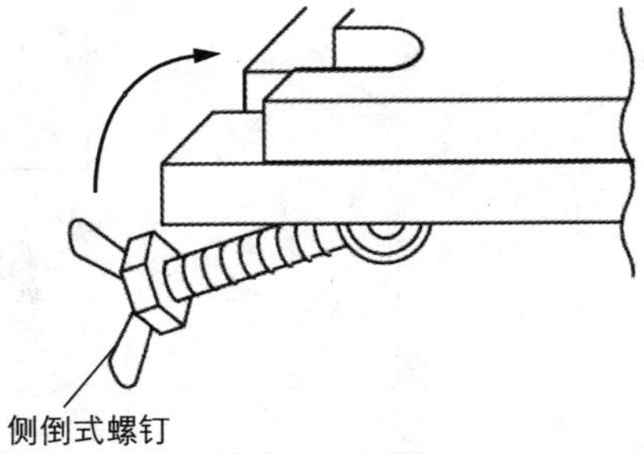
</td></tr>
<tr><td>工具</td><td>侧倒式螺钉</td></tr>
</table>

区分	13-3 // 单触化（4）
主题	利用金属连接器进行连线
目的	缩短接线时间
改善前	将外部来的线束分别接在各个端子上，用起子进行接线或拆线 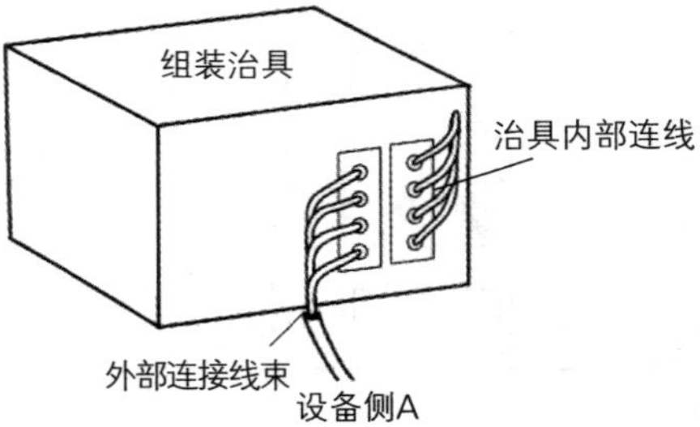
改善后	利用金属连接器，实现单触式连接 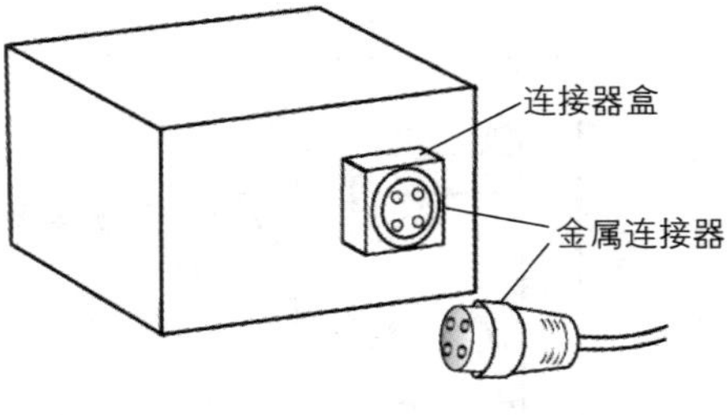
工具	金属连接器、连接器盒

<table>
<tr><td>区分</td><td>13-3 // 单触化（5）</td></tr>
<tr><td>主题</td><td>利用专用夹头，实现单触化，缩短取出拔爪的调整时间</td></tr>
<tr><td>目的</td><td>缩短接线时间</td></tr>
<tr><td>改善前</td><td>用于取出产品的手臂长度通过螺钉来调节。
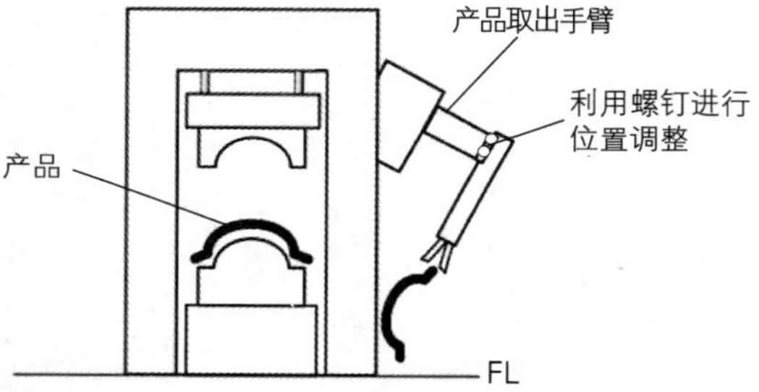
</td></tr>
<tr><td>改善后</td><td>把取产品的夹头制作成专用的，实现单触式装拆。
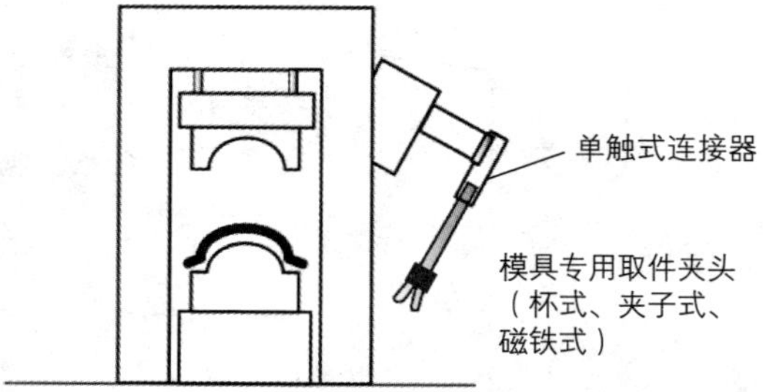
</td></tr>
<tr><td>工具</td><td>模具专用取件夹头和单触式连接器</td></tr>
</table>

<table>
<tr><td>区分</td><td>13-4 // 定位（1）</td></tr>
<tr><td>主题</td><td>利用定位销，使钢板的定位简单化</td></tr>
<tr><td>目的</td><td>缩短材料放置位置的设定时间</td></tr>
<tr><td>改善前</td><td>冲床送料机构上放置片材时，用钢尺量好尺寸后放置。
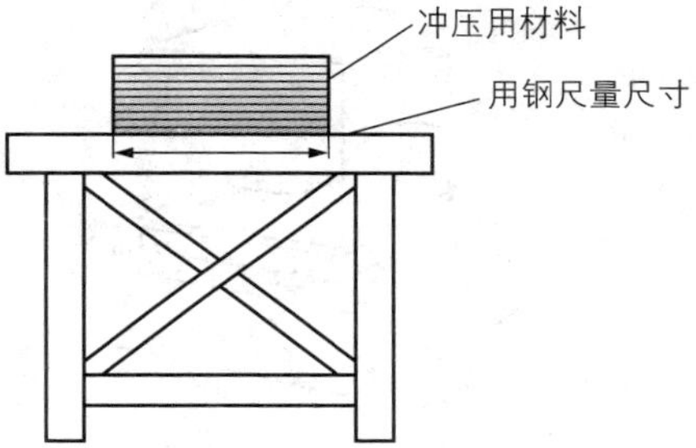
</td></tr>
<tr><td>改善后</td><td>根据材料尺寸在相应位置上钻定位销孔。在这个孔上设置定位导向，来确定材料的位置。如果材料轻，可以不需要销钉，直接用滑动式。
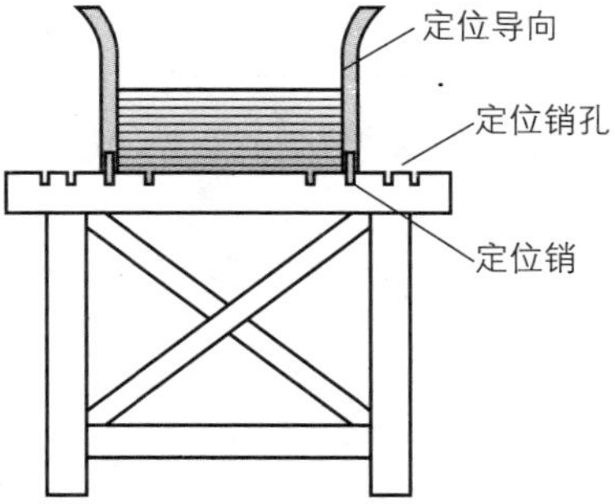
</td></tr>
<tr><td>工具</td><td>定位销、定位导向</td></tr>
</table>

<table>
<tr><td colspan="2">区分</td><td>13-4 // 定位（2）</td></tr>
<tr><td colspan="2">主题</td><td>利用定位销、滑动导向，缩短模具定位的时间</td></tr>
<tr><td colspan="2">目的</td><td>缩短模具定位时间</td></tr>
<tr><td>改善前</td><td colspan="2">A、B、C、D的定位是通过钢尺测量来实现的。
重型模具需要几个人来推动
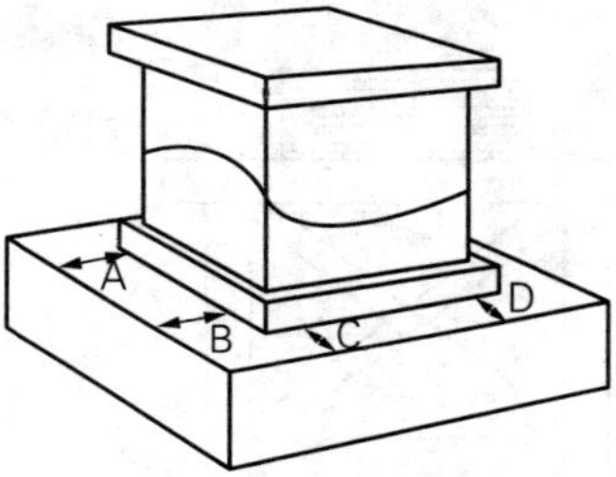

</td></tr>
<tr><td>改善后</td><td colspan="2">可以用挡块来实现定位
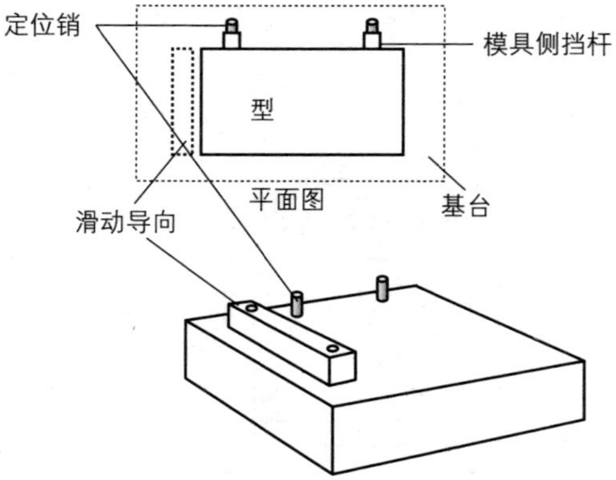

</td></tr>
<tr><td colspan="2">工具</td><td>定位销、挡杆、滑动导向</td></tr>
</table>

<table>
<tr><td>区分</td><td>13-4 // 定位（3）</td></tr>
<tr><td>主题</td><td>利用滑动导向，使压铸模具的定位简单化</td></tr>
<tr><td>目的</td><td>缩短定位时间</td></tr>
<tr><td>改善前</td><td>利用吊车在基台上安装压铸模具时，定位困难
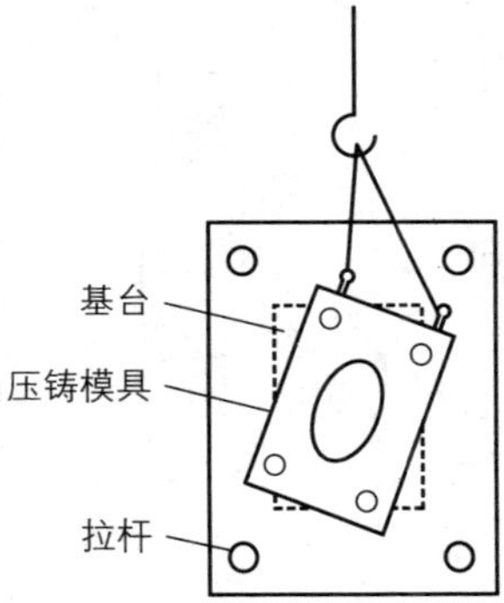
</td></tr>
<tr><td>改善后</td><td>在基台上安排滑动导向，让压铸模具沿着滑动导向下降，定位就简单化了。
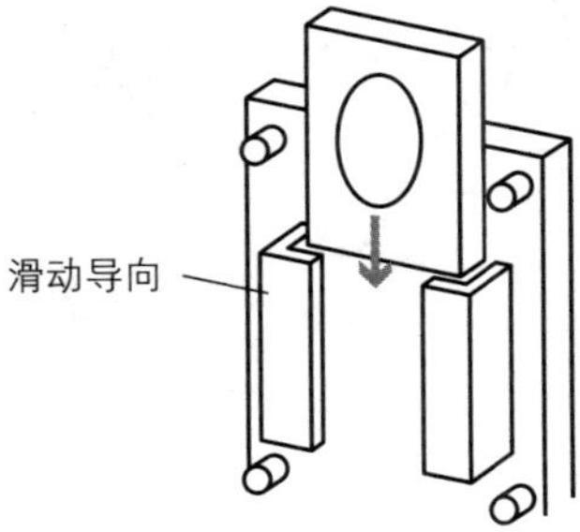
</td></tr>
<tr><td>工具</td><td>滑动导向</td></tr>
</table>

区分	13-4 // 定位（4）
主题	在模具放置区标出中心线，使得定位简单化
目的	缩短吊车起降时间
改善前	利用吊车在移动的基台上吊起、放下时，为了对准中心，比较费时。 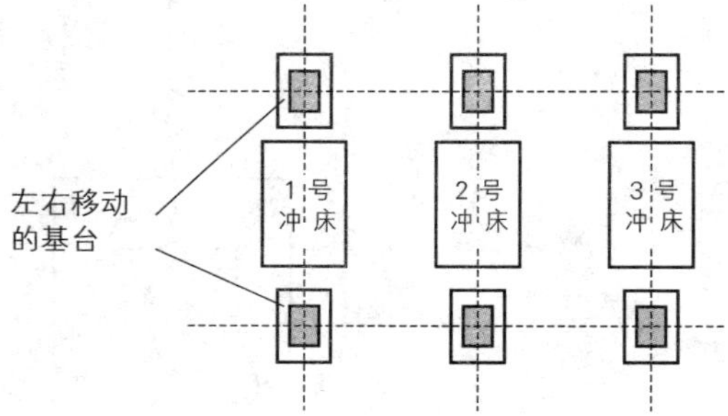
改善后	在吊车行走的轨道及吊车本体上做标记，使吊车本体与左右移动的基台上的模具中心重合。只要标记与吊钩的位置一致，模具中心就与吊钩一致了，避免了位置调整与晃动。 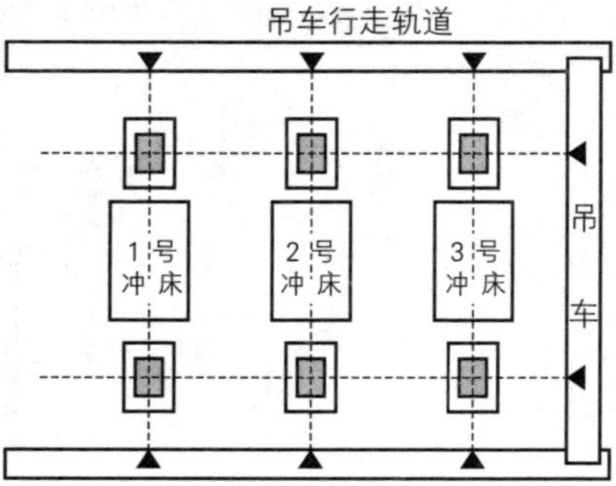
工具	中心标记

区分	13–5 // 移动（1）
主题	利用滚道等，使移动简化
目的	缩短移动时间
改善前	原来是用手推动模具来移动。 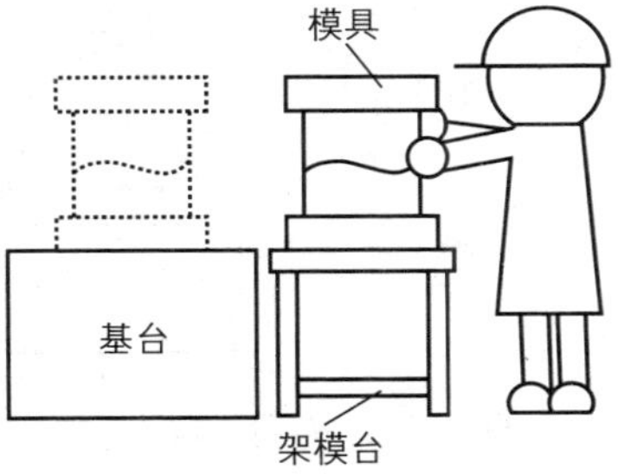
改善后	在架模台上设置万向滚轮（球形） 在基台上设置滚道 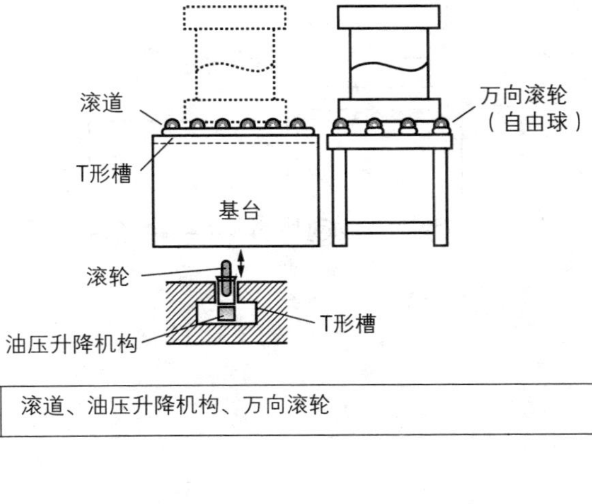
工具	滚道、油压升降机构、万向滚轮

区分	13–5 // 移动（2）
主题	利用滑动式模具台车，通过滑动来替代吊车，缩短时间
目的	缩短模具转移时间
改善前	利用吊车将模具吊起转移到移动基台上。 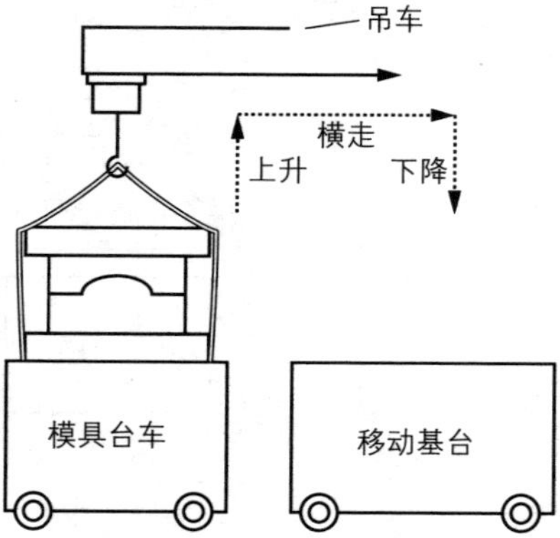
改善后	在模具台车上装上滚道、通过滑动移到移动基台上 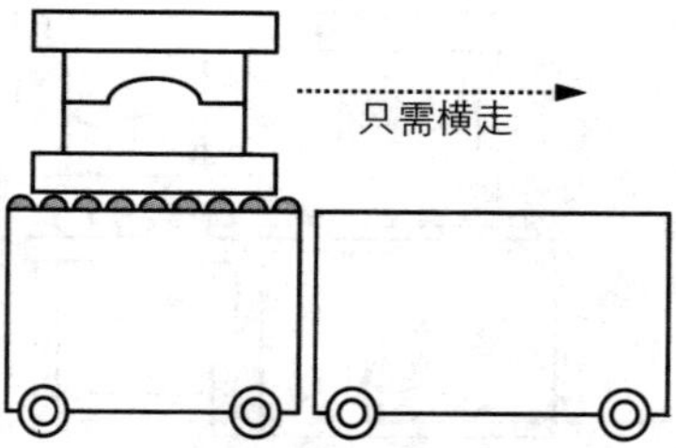
工具	滑动式台车

区分	13–6 // 预置（1）
主题	配线、配管的外准备化
目的	缩短安装管线的时间
改善前	在内准备阶段安装管线。 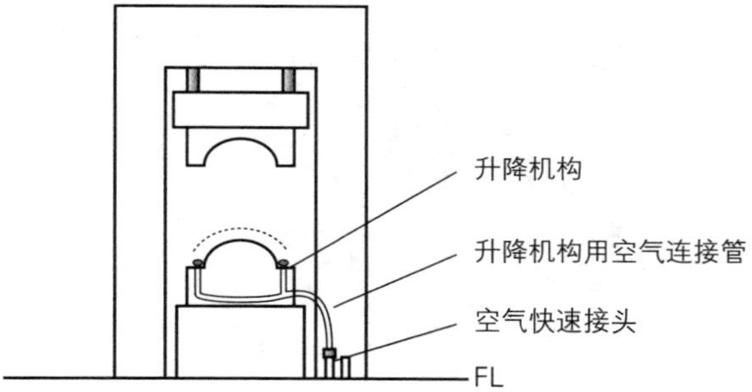
改善后	在外准备时就接好空气连接管。 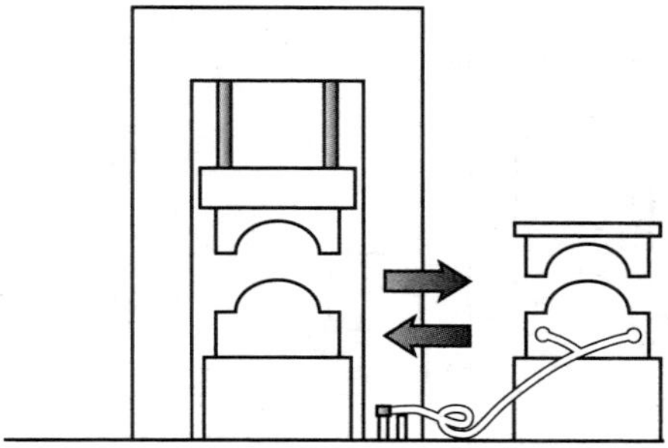
工具	耐久性好的空气连接管及快速接头

区分	13-6 // 预置（2）
主题	在移动基台上安装安全栏，消除安全栏的开闭
目的	消除安全栏开闭的时间
改善前	移动基台在进出时，需要开、闭安全栏。 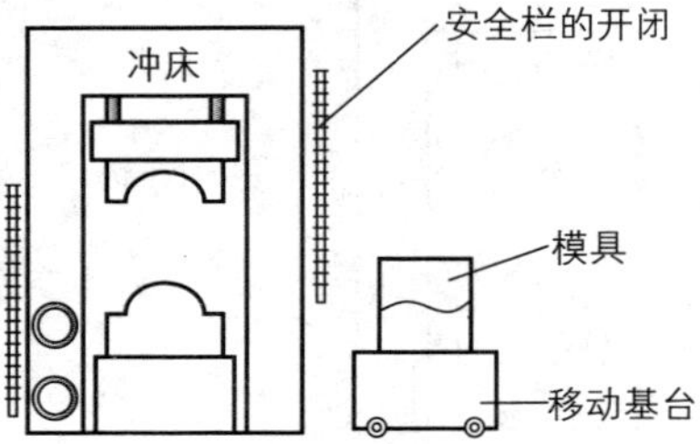
改善后	在移动基台上常设安全栏，开、闭安全栏的动作就不需要了，可以缩短时间。 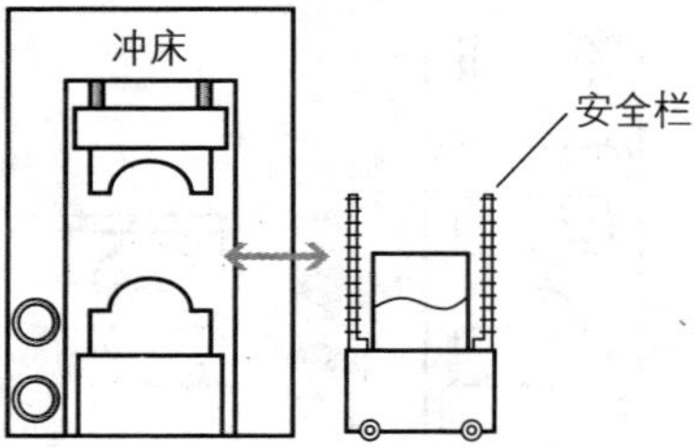
工具	安全栏

<table>
<tr><td>区分</td><td>13–7 // 缩短距离（1）</td></tr>
<tr><td>主题</td><td>准备作业看板改善，消除准备等待</td></tr>
<tr><td>目的</td><td>消除外准备等待</td></tr>
<tr><td>改善前</td><td>将换模的必要工具放在工具箱内，使用时搬到冲床边上。

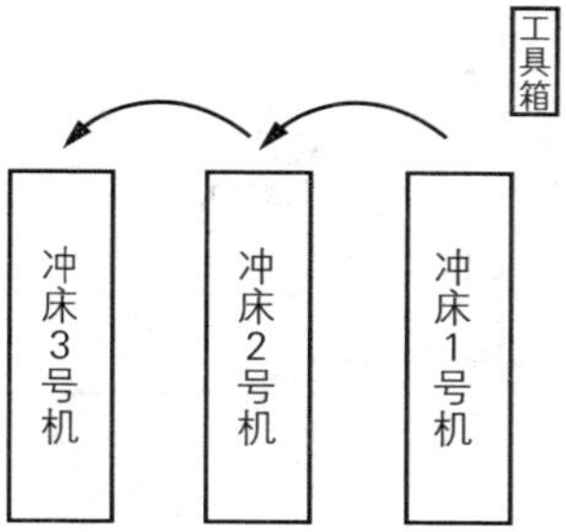

</td></tr>
<tr><td>改善后</td><td>将各机台所用的工具放在工具架上，按形状放置，方便拿取。缺少的工具一看就知道，避免了因工具丢失而进行的寻找。

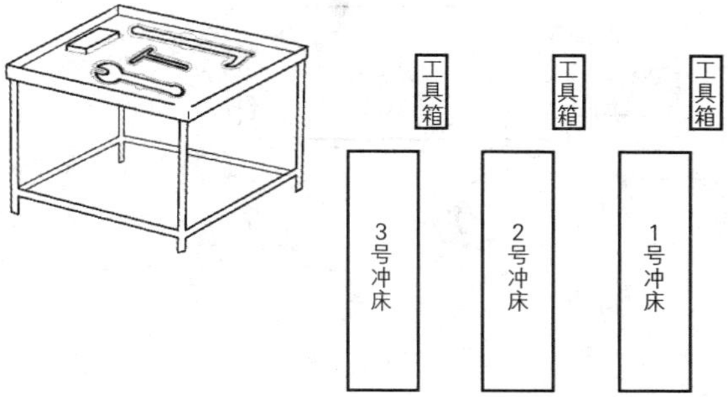

</td></tr>
<tr><td>工具</td><td>按形状放置的工具架</td></tr>
</table>

<table>
<tr><td>区分</td><td>13-7 // 缩短距离（2）</td></tr>
<tr><td>主题</td><td>制作步行图，缩短步行距离</td></tr>
<tr><td>目的</td><td>缩短步行距离</td></tr>
<tr><td>改善前</td><td>为了通过设备后面的操作面板、调节旋钮调整压力，需要走到设备后面

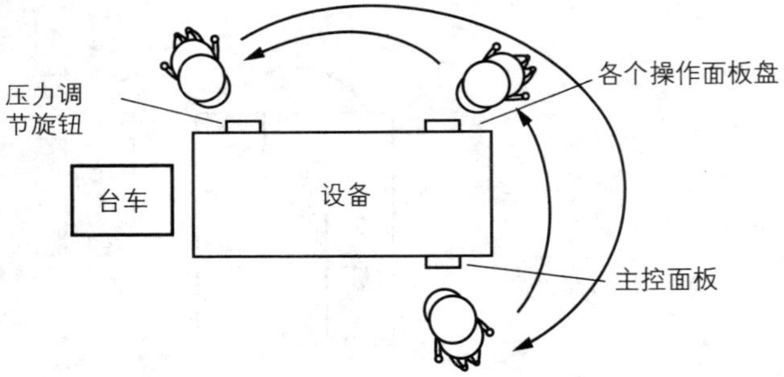

</td></tr>
<tr><td>改善后</td><td>将各操作面板、调节旋钮移到设备的前面，缩短步行距离。

</td></tr>
<tr><td>工具</td><td>操作面板、调节旋钮的移动</td></tr>
</table>

<table>
<tr><td>区分</td><td>13–7 // 缩短距离（3）</td></tr>
<tr><td>主题</td><td>通过架设天桥，缩短压力设定时间</td></tr>
<tr><td>目的</td><td>缩短调整压力的步行时间</td></tr>
<tr><td>改善前</td><td>为了操作冲床后的压力调整阀，往返需要走100米左右

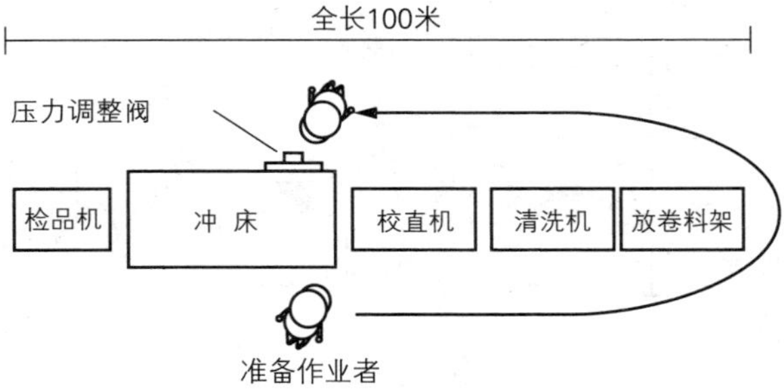

</td></tr>
<tr><td>改善后</td><td>将各操作面板、调节旋钮移到设备的前面，缩短步行距离。

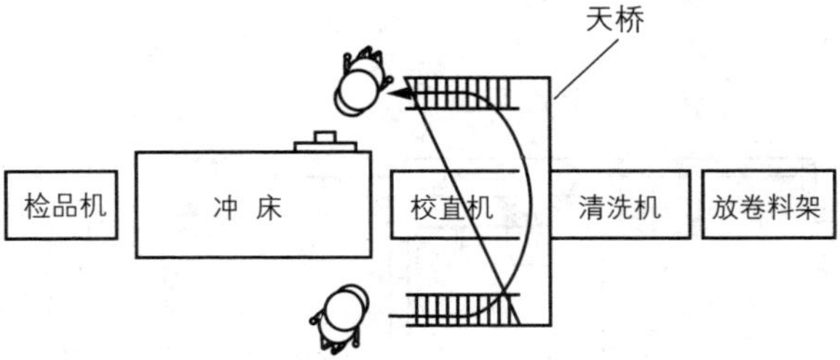

</td></tr>
<tr><td>工具</td><td>天桥</td></tr>
</table>

区分	13-7 // 缩短距离（4）
主题	利用悬吊按钮省去叉车驾驶员上下叉车的动作
目的	省略上下叉车的动作
改善前	将冲压用的材料放到材料台车上后，从叉车上下来，按下装载完成按钮。 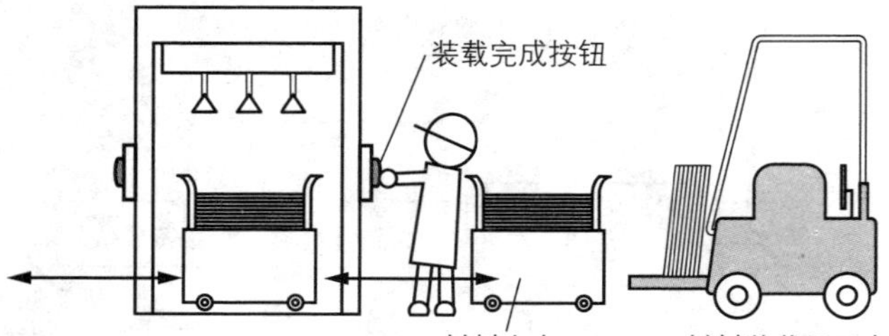
改善后	安装了悬吊式装载完成按钮后，不从叉车上下来也可以按按钮了。 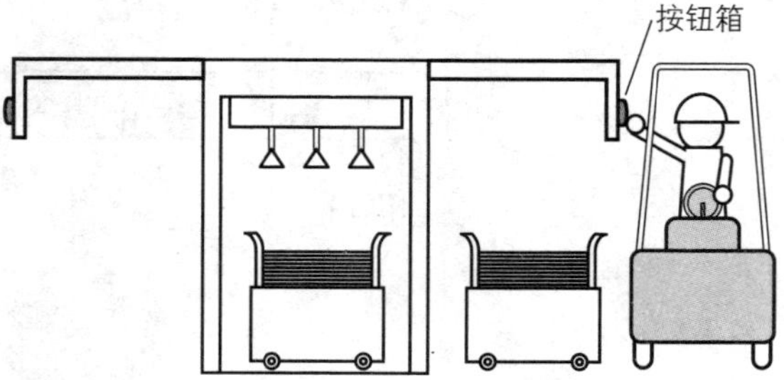
工具	悬吊式按钮箱

<table>
<tr><td>区分</td><td>13-7 // 缩短距离（5）</td></tr>
<tr><td>主题</td><td>设置模具台来缩短模具移动距离</td></tr>
<tr><td>目的</td><td>缩短模具更换时间</td></tr>
<tr><td>改善前</td><td>每次都要从远离冲床的模具放置区，用吊车将模具吊到冲床的移动基台上。
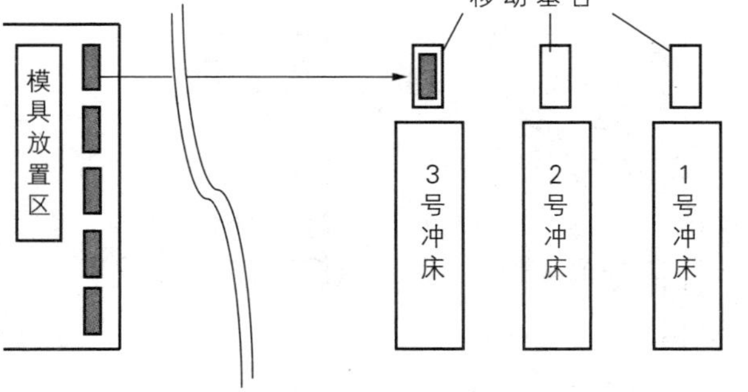
</td></tr>
<tr><td>改善后</td><td>将模具事先放在靠近移动基台的模具台上。更换模具时，只需要将模具从模具台上转移到移动基台。
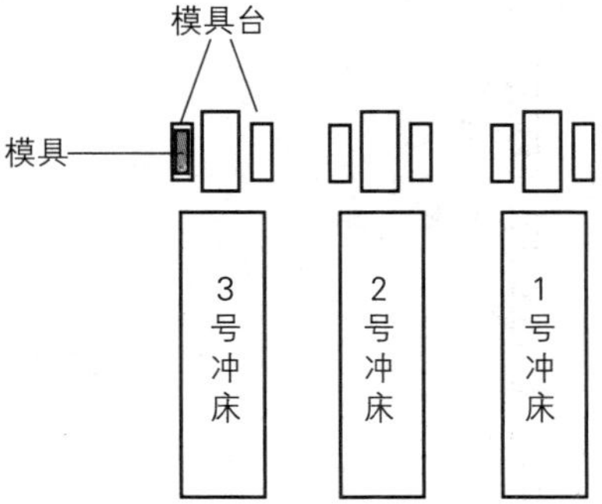
</td></tr>
<tr><td>工具</td><td>模具台</td></tr>
</table>

<table>
<tr><td>区分</td><td>13-7 // 缩短距离（6）</td></tr>
<tr><td>主题</td><td>操作吊车从驾驶舱室变更为无线遥控式，缩短步行</td></tr>
<tr><td>目的</td><td>缩短步行时间</td></tr>
<tr><td>改善前</td><td>为了到驾驶舱内操作吊车，需要爬上台阶。
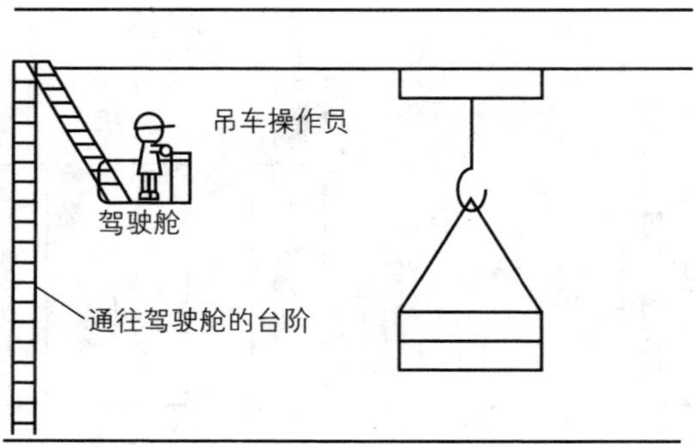
</td></tr>
<tr><td>改善后</td><td>通过无线改造，可以在地面上操作，因为离物件近，更容易操作。
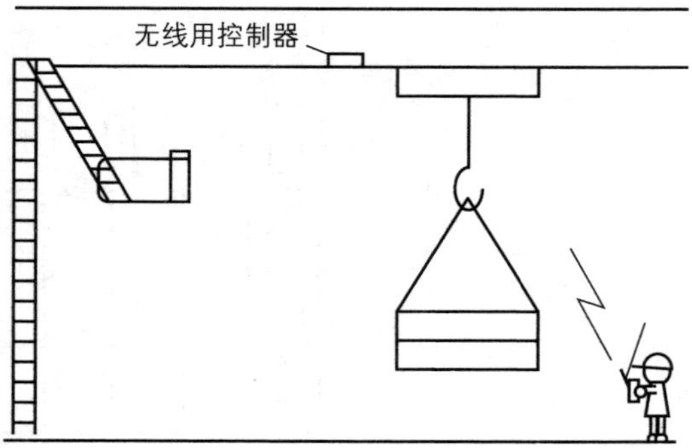
</td></tr>
<tr><td>工具</td><td>无线遥控器</td></tr>
</table>

<table>
<tr><td>区分</td><td>13–7 // 缩短距离（7）</td></tr>
<tr><td>主题</td><td>通过缩短涂装软管的长度来缩短换色时间</td></tr>
<tr><td>目的</td><td>缩短涂装换色时间</td></tr>
<tr><td>改善前</td><td>产品涂装颜色变更时，因为从颜色切换装置到喷枪之间的软管太长，排出旧涂料、稀释剂清洗、新涂料填充等花费的时间多。
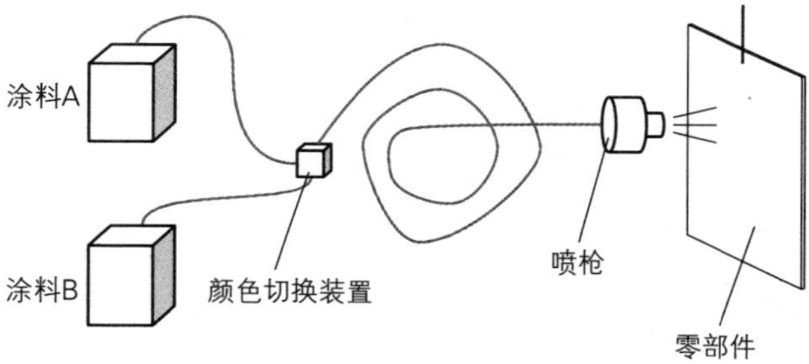
</td></tr>
<tr><td>改善后</td><td>缩短喷枪与颜色切换装置之间的软管，可以缩短换色的时间。
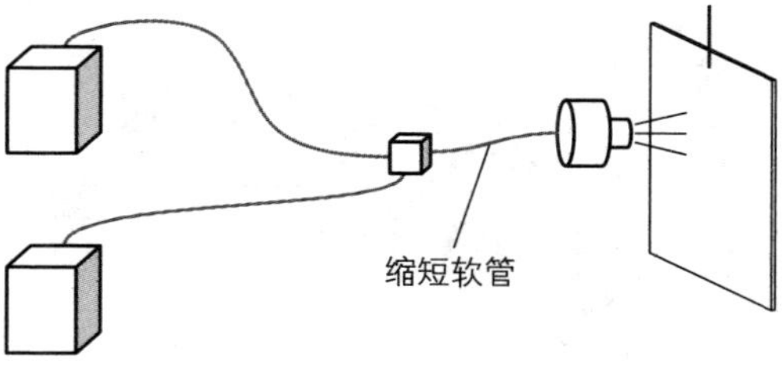
</td></tr>
<tr><td>工具</td><td>喷涂软管</td></tr>
</table>

区分	13–8 // 速度提升（1）
主题	变更电机与变速箱，提高行驶速度
目的	缩短准备作业用移动台车行驶时间
改善前	行驶速度为4km/h，速度太慢。 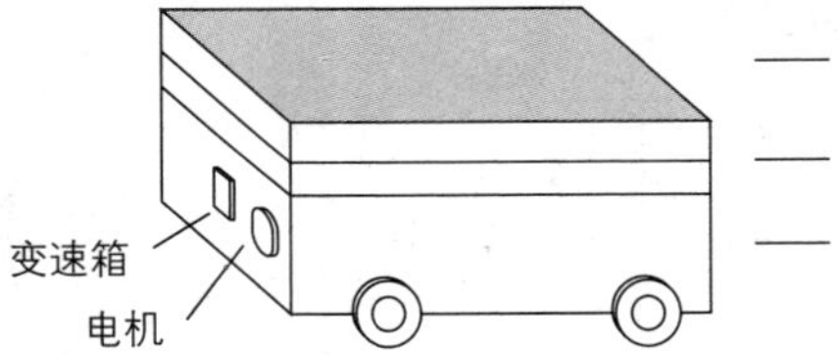
改善后	提升电机功率，同时改变变速箱速比，提高了行驶速度。为了确保安全，安装了安全缓冲条、警示灯及警报器。 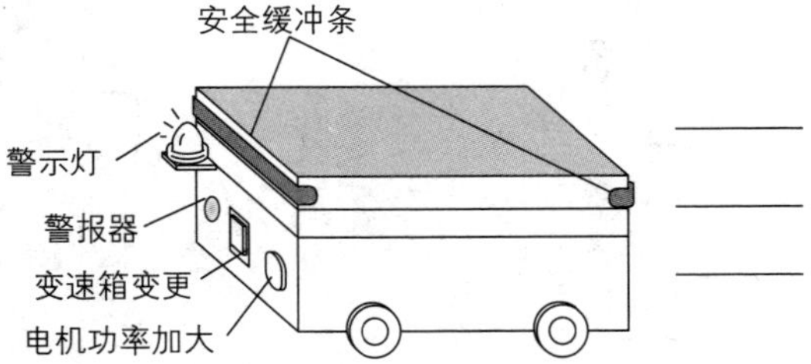
工具	变速箱与电机变更

区分	13-8 // 速度提升（2）
主题	改变滑动板下降方式，速度得到了提升
目的	缩短滑动下降时间
改善前	将上模安装到滑动板时，需要从上死点下降到下死点，为了确保安全，下降的速度极慢。 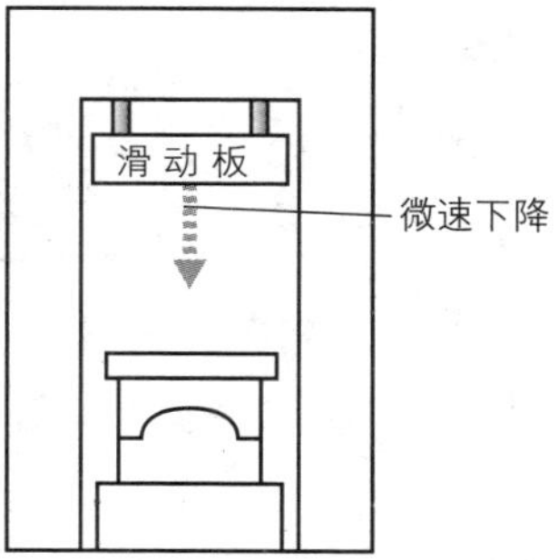
改善后	对模高进行统一，这样从上死点下降到下死点就可以一次直达了，必要时通过微调完成。 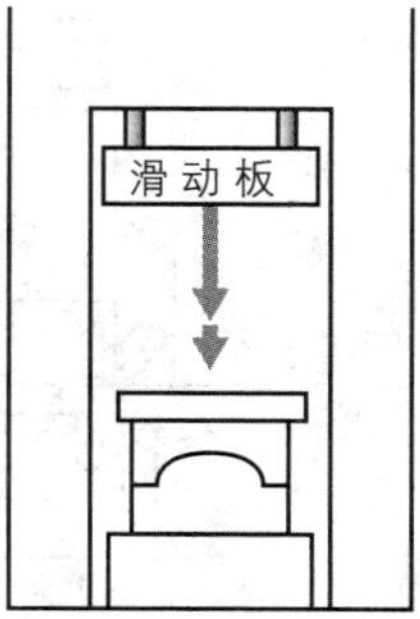
工具	滑动板下降的变更

<table>
<tr><td>区分</td><td>13–8 // 速度提升（3）</td></tr>
<tr><td>主题</td><td>追加快速排气阀缩短压力调整时间</td></tr>
<tr><td>目的</td><td>缩短压力调整时间</td></tr>
<tr><td>改善前</td><td>当模具的重量变化时，需要调整平衡压力，以及与成形度相关的弹性座的压力，排出空气比较费时。
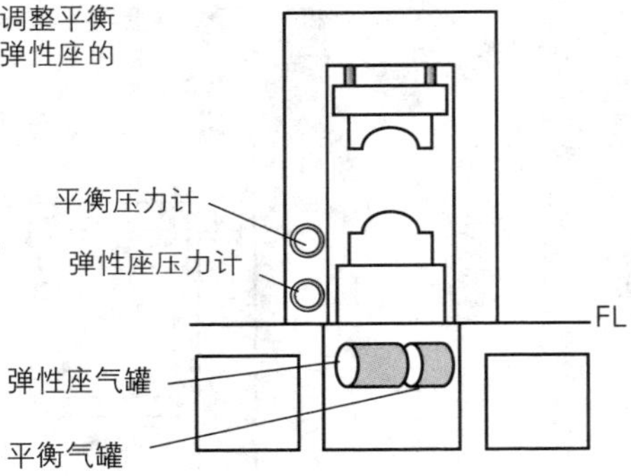
</td></tr>
<tr><td>改善后</td><td>加装快速排气阀后，缩短了压力调低的时间。
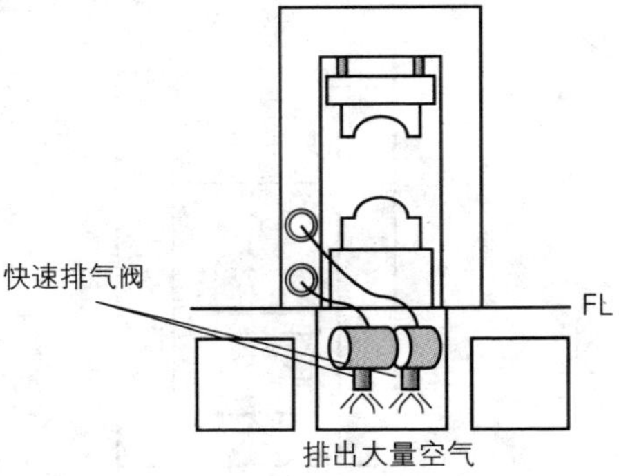
</td></tr>
<tr><td>工具</td><td>快速排气阀</td></tr>
</table>

区分	13–9 // 自动化（1）
主题	螺钉式紧固、拧松作业的自动化
目的	通过拧紧、拧松的自动化缩短时间
改善前	用大型扳手来拧松/拧紧螺钉（上模8处）。在拧高处的螺钉时，作业员的姿势不佳，有安全问题。 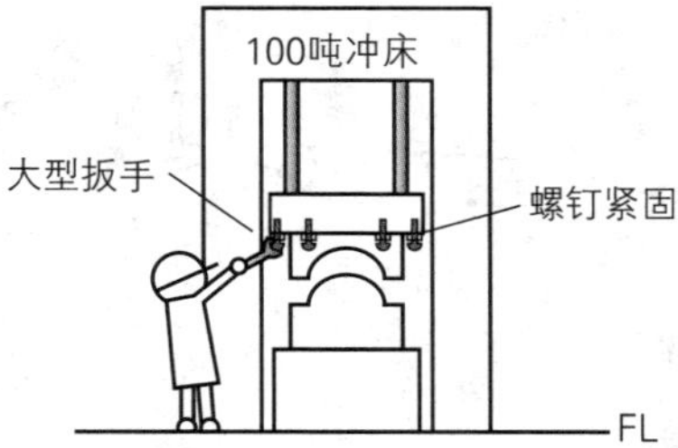
改善后	改为油压式自动锁紧杆 （注）设置开闭确认传感器，对滑动动作设置连锁装置，消除不安全的作业。 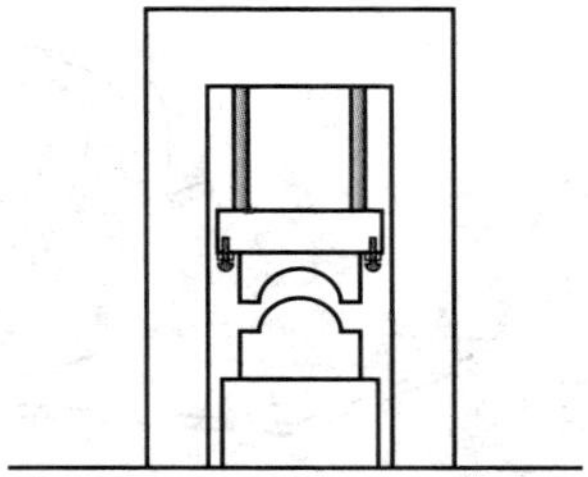
工具	自动锁紧杆

区分	13-9 // 自动化（2）
主题	加工润滑油滴加的开闭采用远程操作以缩短时间
目的	缩短加工润滑油滴加装置的开闭时间
改善前	冲压片上要滴加润滑油。根据片材的大小，滴油点通过手动确定。 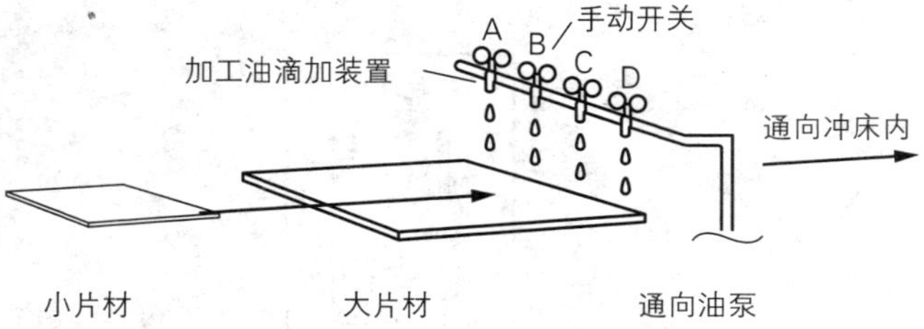
改善后	根据片材的大小滴油，通过电磁阀实现自动开闭。 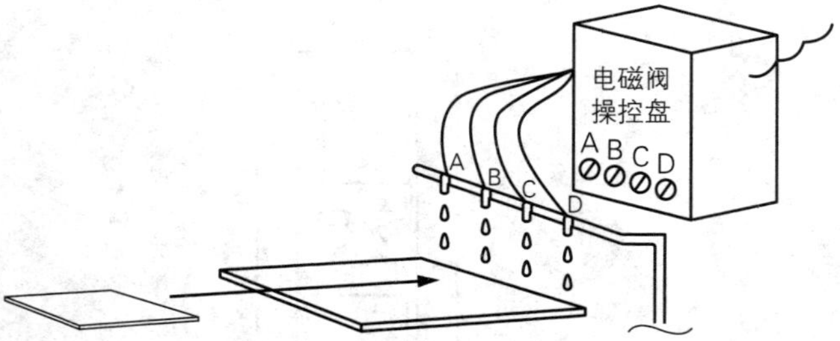
工具	电磁阀开闭系统

区分	13–9 // 自动化（3）
主题	利用材料夹爪的自动更换装置缩短更换时间
目的	缩短夹爪更换时间
改善前	向设备投入材料的机械手，根据材料的形状、厚度，需要多种夹爪，靠手工更换。 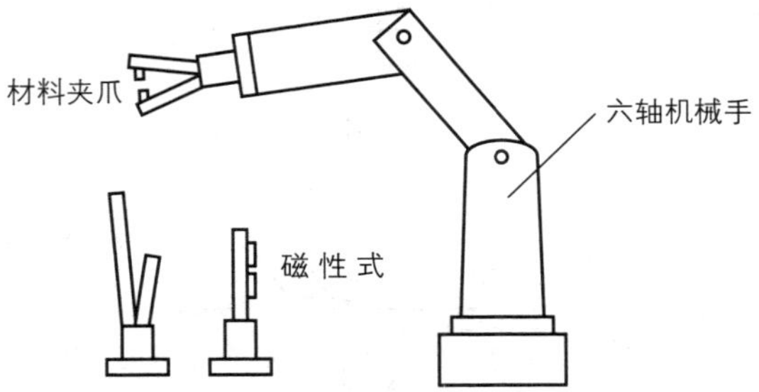
改善后	安装自动化机械式换爪装置（AHC）后，夹爪的更换实现了自动化。 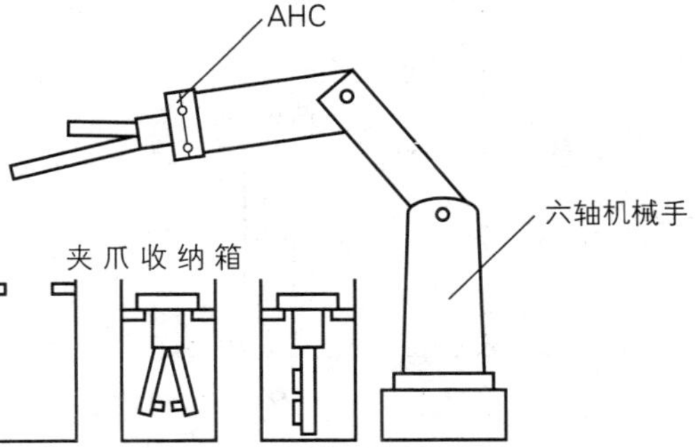
工具	AHC

区分	13-9 // 自动化（4）
主题	边角料挡板的自动开闭
目的	缩短边角料挡板的开闭时间
改善前	为了进行模具的清洁及保障安全，换模时需要开闭挡板。 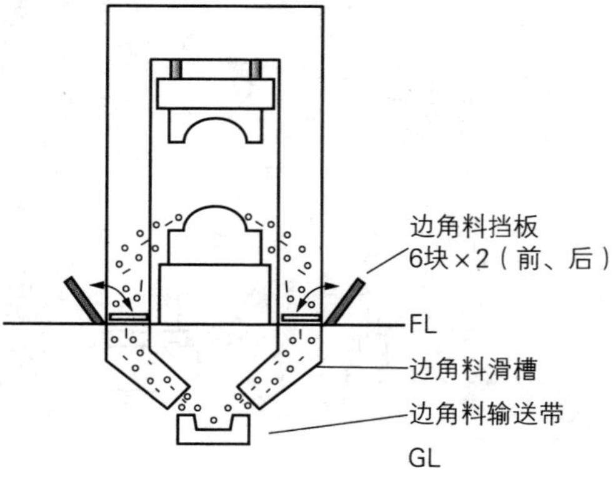
改善后	利用气缸实现自动开闭。 不再需要从前向后移动。 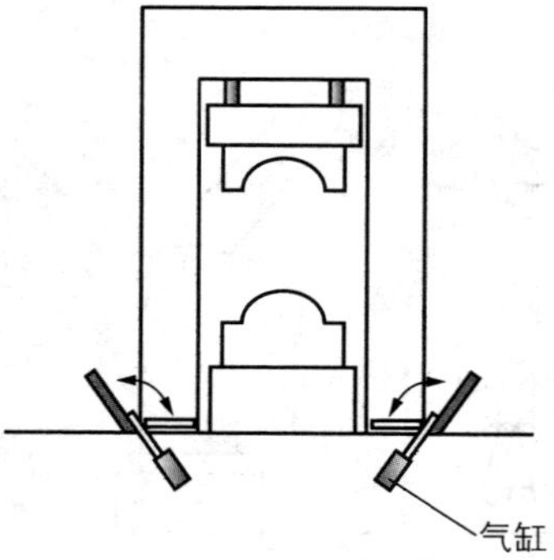
工具	气缸

区分	13-9 // 自动化（5）
主题	利用边角料滑槽方向的自动变更缩短准备时间
目的	缩短滑槽变更作业时间
改善前	回收边角料时，因铁板材质不同，需要进行变更，通过手动作业来调整滑槽方向。需要从地面上走到地下。 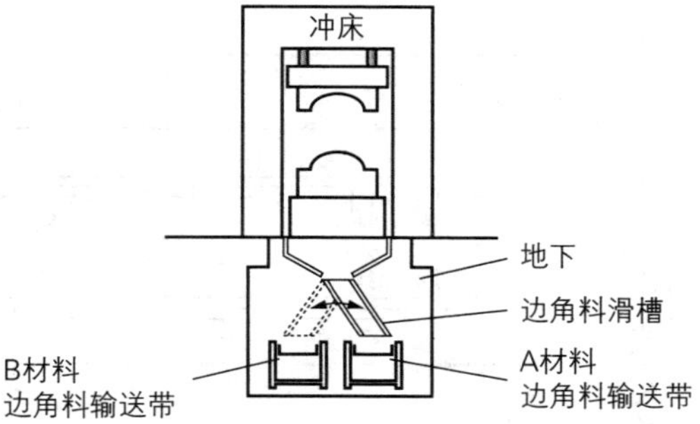
改善后	通过地面上的操控盘来变更地下边角料滑槽的方向，不再需要走到地下去变更。 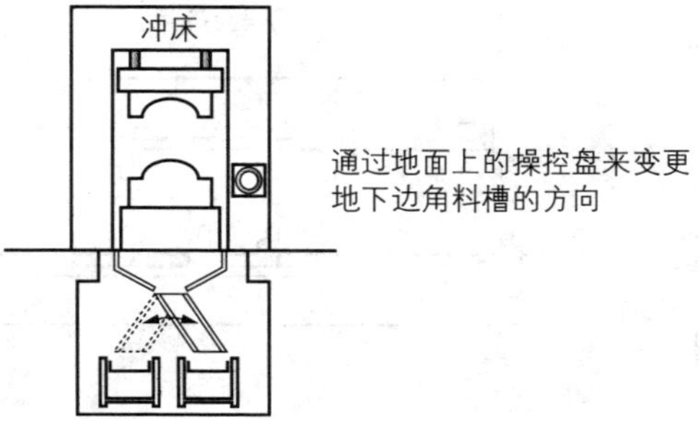
工具	滑槽方向变更装置

区分	13–9 // 自动化（6）
主题	通过手柄的自动调整，缩短作业时间
目的	缩短调整时间
改善前	流水式冲压用转运轨道的首工序上的送料装置，需要根据材料的尺寸调整刻度盘。前后的调整会产生步行时间。 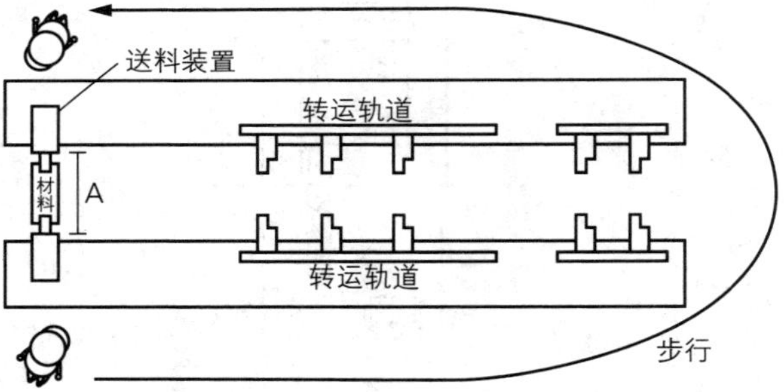
改善后	在送料装置上加装带编码器的电机，实现自动调节。 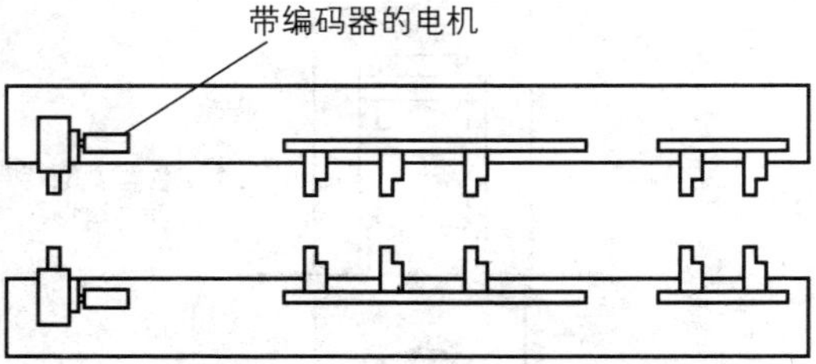
工具	带编码器的电机

区分	13–9 // 自动化（7）
主题	加装材料翻身装置，让翻身作业简化
目的	缩短翻身时间
改善前	材料正反面与供给方向不一样，用起重机进行翻身，危险！ 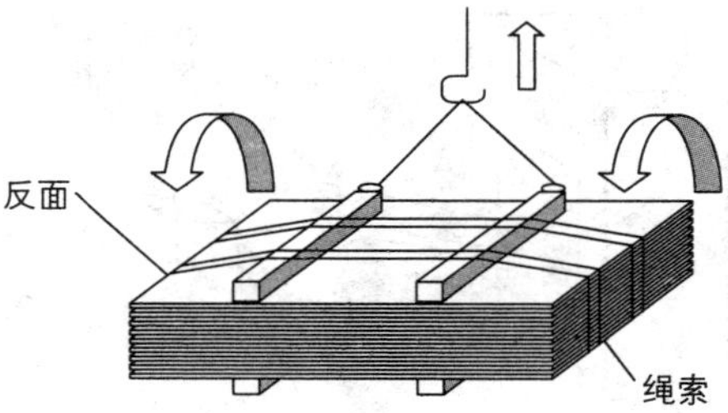
改善后	制作反转装置，用油压固定，翻身变得安全了。 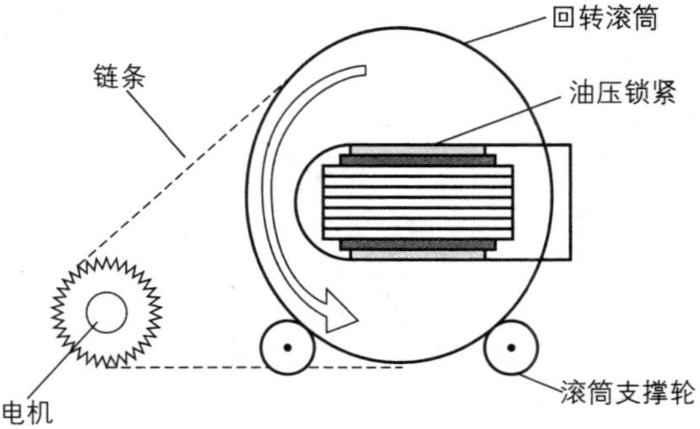
工具	翻身装置

区分	13–9 // 自动化（8）
主题	同时生产不同产品时，利用分离槽，让料盘调整简化
目的	缩短料盘定位时间
改善前	产品流动方向上，有前后两个不同的产品流出。在对狭窄的产品托盘进行定位调整时，花费时间多。 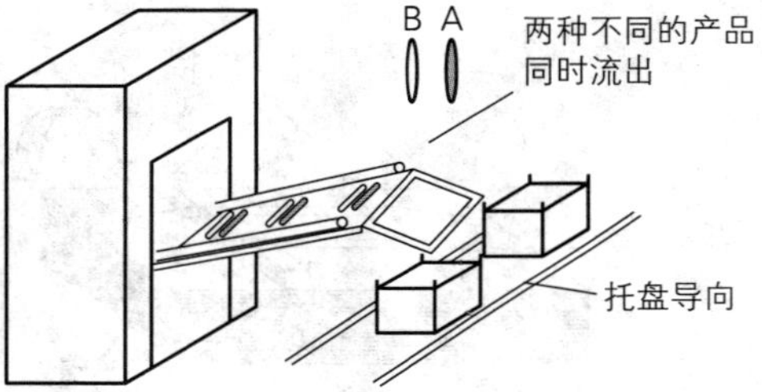
改善后	利用前后分离装置和滑槽，设置小的托盘，并安装导轨，使托盘的定位简化，且实现了自动分离。 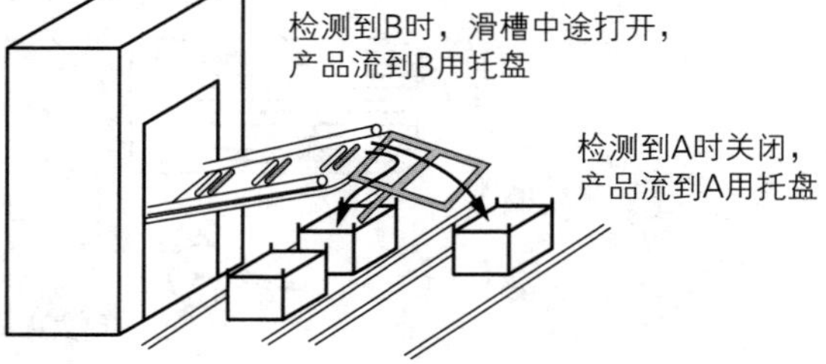
工具	小型托盘用输送带、分离装置、分离槽

<table>
<tr><td>区分</td><td>13-10 // 顺序变更（1）</td></tr>
<tr><td>主题</td><td>材料更换采用转台式，缩短交换时间</td></tr>
<tr><td>目的</td><td>缩短材料交换时间</td></tr>
<tr><td>改善前</td><td>A材料生产完成后，改用B材料，材料交换花费的时间长。
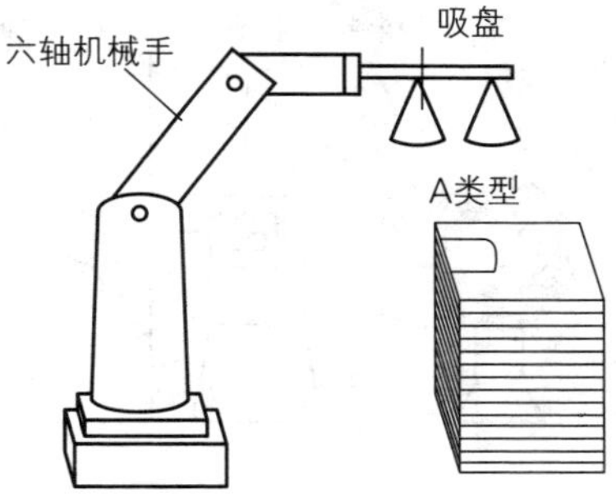
</td></tr>
<tr><td>改善后</td><td>A材料生产完成后，转台旋转后，开始用B材料生产。
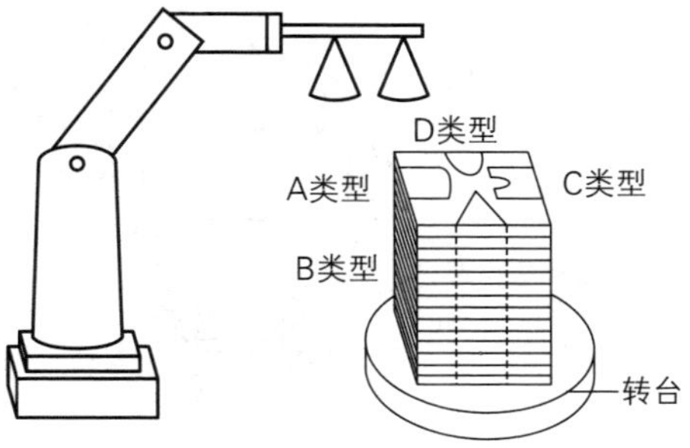
</td></tr>
<tr><td>工具</td><td>转台</td></tr>
</table>

区分	13–10 // 顺序变更（2）
主题	利用回转式放卷装置缩短换卷时间
目的	缩短换卷时间
改善前	更换料卷时，是在冲床停止状态下进行的。 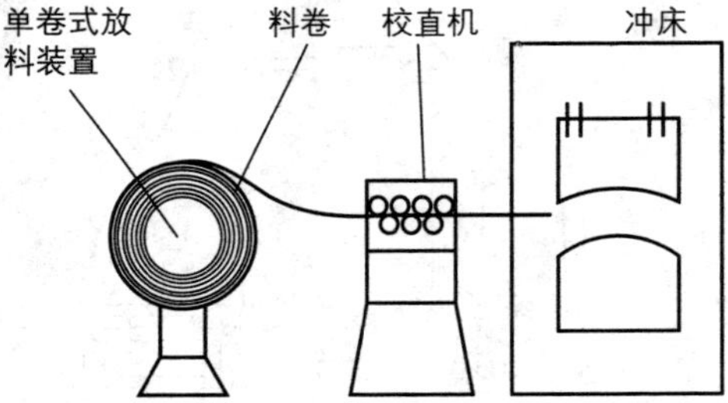
改善后	变更为回转式放卷架。下一个要使用的料卷可以提前安装好。只要转动回转装置就可以实现换卷。 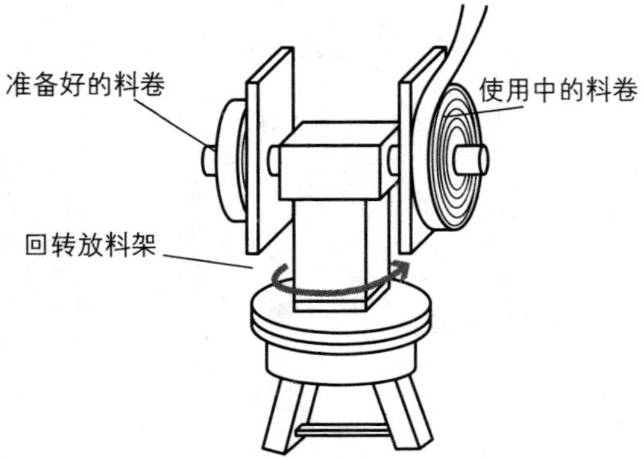
工具	回转式放料架

<table>
<tr><td>区分</td><td>13–10 // 顺序变更（3）</td></tr>
<tr><td>主题</td><td>利用回转台缩短焊接治具更换时间</td></tr>
<tr><td>目的</td><td>缩短焊接治具更换时间</td></tr>
<tr><td>改善前</td><td>在焊接生产线上要用到两种焊接治具。每次都要更换不同的治具。

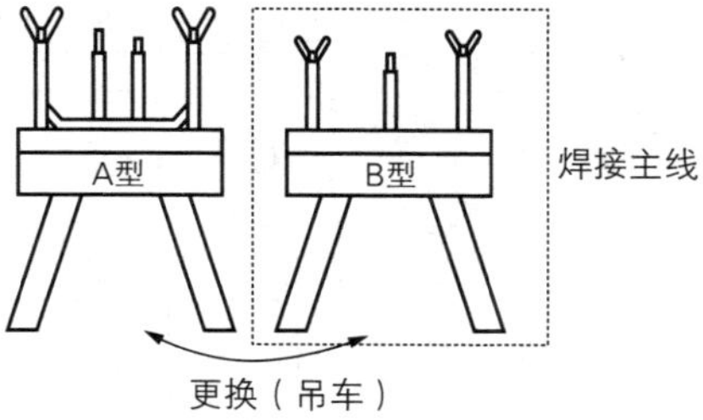
</td></tr>
<tr><td>改善后</td><td>将2台治具装在回转台上，手动旋转180度后，用压杆锁紧。

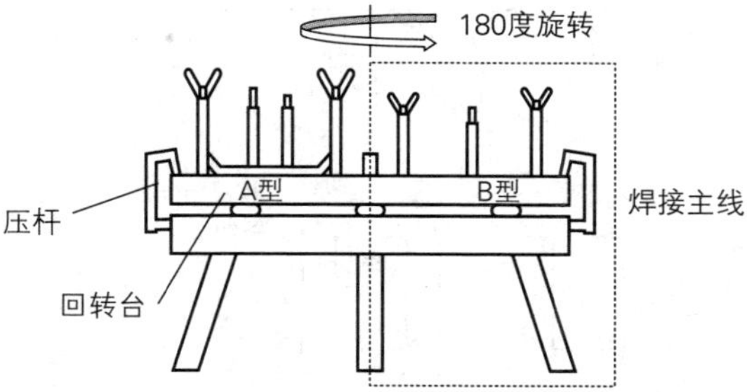
</td></tr>
<tr><td>工具</td><td>回转台、压杆</td></tr>
</table>

区分	13-11 // 重合化（1）
主题	用2台吊车重叠，可以实现搬运的平行化
目的	利用搬运的同步平行化实现时间的缩短
改善前	用1台吊车取出旧模、搬入新模至安装完成，花费时间长。 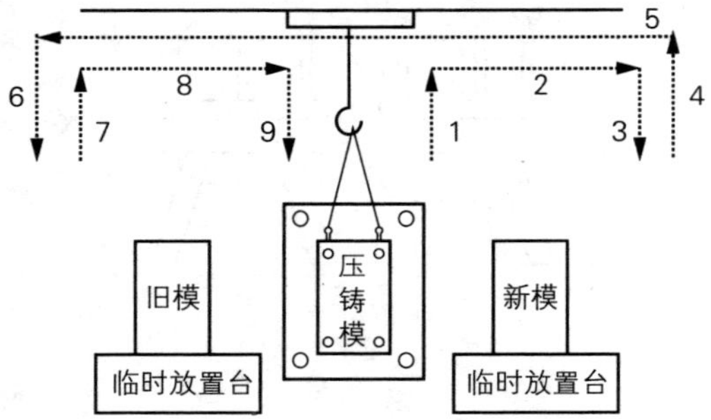
改善后	用2台吊车，使安装与拆除平行化（吊车操作由2人进行）。搬运时间减少为原来的一半。 
工具	吊车、吊车作业员

区分	13-11 // 重合化（2）
主题	多台设备的准备由多人进行的准备作业
目的	多人作业可以缩短准备作业时间
改善前	准备时，由一个检查员进行全部准备作业。 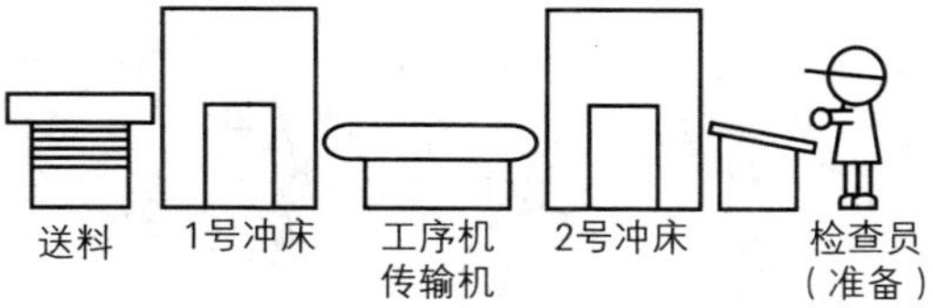
改善后	准备时，前来支援准备作业的人员，承担一半作业内容，准备时间减少为原来的一半（作业内容不明确的话，会导致品质、安全问题，要注意）。 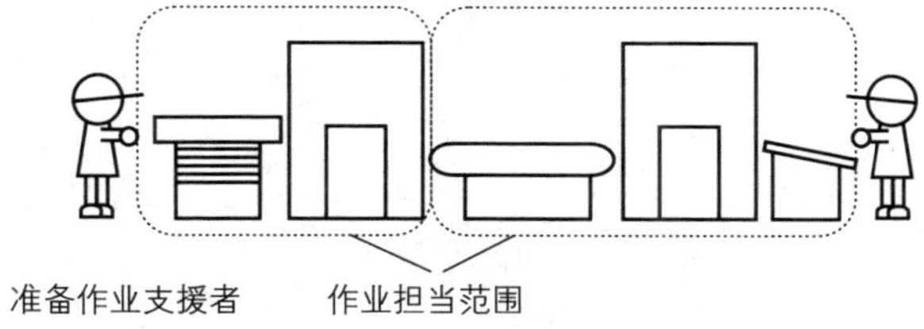
工具	准备作业支援者

区分	13–11 // 重合化（3）
主题	缩短铸造相关的预热时间
目的	缩短预热时间
改善前	火焰加热的能力有限，花费时间长。 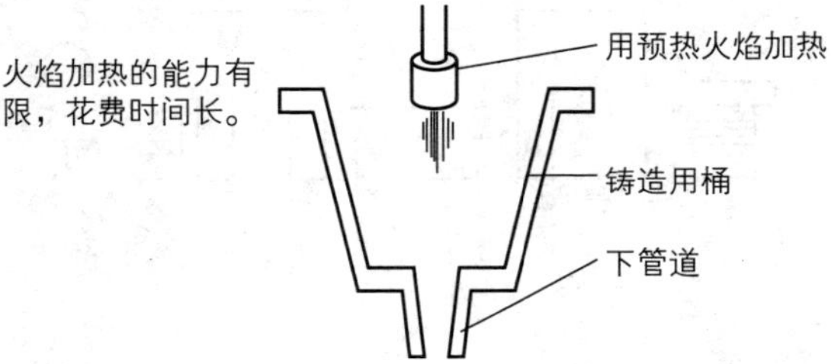
改善后	增加火焰加热器，提高加热能力，缩短加热时间。 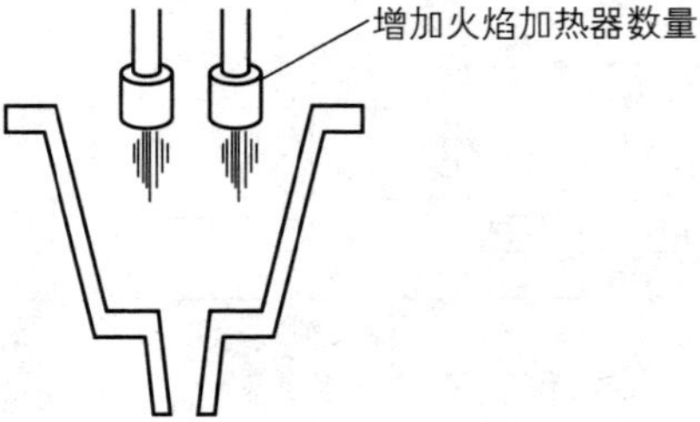
工具	预热火焰加热器

<table>
<tr><td>区分</td><td>13–11 // 重合化（4）</td></tr>
<tr><td>主题</td><td>设置分割剪，缩短卷料更换时间</td></tr>
<tr><td>目的</td><td>缩短卷料卷回时间（动作平行化）</td></tr>
<tr><td>改善前</td><td>更换卷料时，将高速剪到卷料之间的材料卷回去，花费时间。
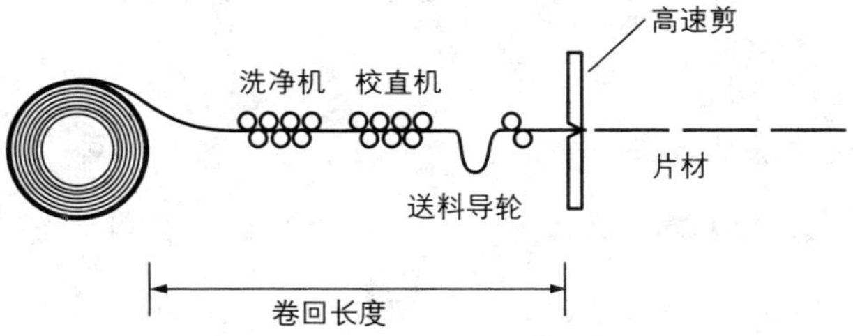
</td></tr>
<tr><td>改善后</td><td>设置分割剪，计算好用分割剪后面的材料可以生产多少数量，用分割剪切断。卷回的长度就缩短了，可以在卷料更换的时间内完成收卷。
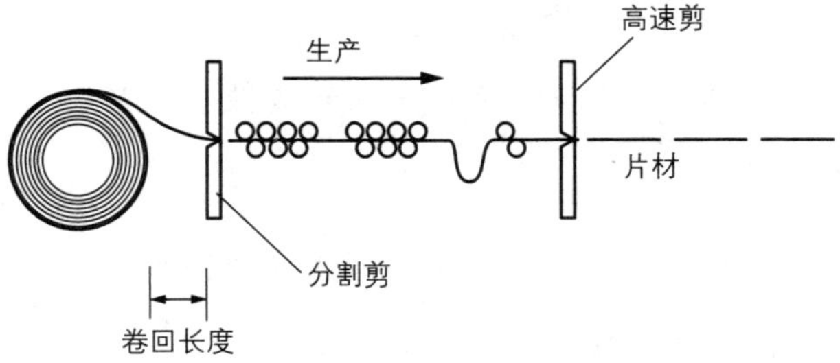
</td></tr>
<tr><td>工具</td><td>分割剪</td></tr>
</table>

/结束语/

中国、东南亚各国正在快速崛起。我作为研修讲师去泰国访问时，听讲者认真的眼神及内容深刻的问题，让我体会到了日本所没有的新鲜感。另一方面，我感到一向以品质自居的日本制造的基础正在动摇。

作为丰田集团的前身，丰田自动织机的公司方针中有“品质优先”一项。公司创始人丰田佐吉先生的半身像被树立在刈谷市的龟城公园内，“注视”着今后的制造业。我自己也在不断更新自己的思想。

在执笔本书过程中，以“品质与成本不是一对矛盾，而是要同步推进”为基本思想。而且，尽量多地把编者们亲身经历过的案例放进去，供读者借鉴。

水野克己、细谷宏等年轻的中小企业咨询师也参与了本书的创作，希望他们今后更加活跃。

本书在执笔期间，得到了日刊工业新闻社野崎伸一先生的指导，在此深表感谢！

2010 年 2 月　于三河安城

编著者　石川君雄

/作者简介/

石川君雄

第 1 章~第 11 章、第 13 章的编写者。

国际经营技术研究所代表

履历

名古屋工业大学研究生院工学研究科博士后，工学博士

在（株）丰田自动织机公司推进了工厂建设、生产线构建、TPS（丰田生产方式）、TPM（全面生产保全）等。

从该公司退休后，成立了国际经营技术研究所，担任工厂管理（制造）研究会会长、生产管理学会理事、设备管理学会理事、东海学园大学研究生院讲师。

技师（经营工学、综合技术监理）、中小企业咨询师、劳动安全顾问

主要著作

《现场改善秒懂秘籍：作业改善》，日刊工业新闻社（编著）

《现场开始的制造革新：安全是竞争力》，日刊工业新闻社（合著）

《现场管理实践和改善讲座：作业改善》，日本规格协会（合著）

《为降低成本的丰田生产方式关键词汇编》，日刊工业新闻社（合著）

论文、专利（生产技术相关）多项

电子信箱

kimi-isi@katch.ne.jp

水野克己

第12章编写者。

履历

就职于独立系统积分器公司，以生产管理系统、生产排程系统为核心，为制造企业系统导入提供支持。

工厂管理（制造）研究会会员，中小企业咨询师

细谷宏　插图作者

太郎云经营代表

履历

静冈大学工学部信息知识工学科毕业，大型手机制造企业离职后，从事中小企业生产管理的IT支持，中小企业咨询师

定价：28.00 元

定价：36.00 元

定价：30.00 元

定价：32.00 元

定价：32.00 元

定价：32.00 元

定价：38.00 元

定价：26.00 元

定价：36.00 元

定价：22.00 元

定价：32.00 元

定价：36.00 元

定价：36.00 元

定价：36.00 元

定价：38.00 元

定价：28.00 元

定价：38.00 元

定价：36.00 元

定价：38.00 元

定价：36.00 元

定价：36.00 元

定价：46.00 元

定价：38.00 元

定价：42.00 元

定价：49.80 元

定价：38.00 元

定价：38.00 元

定价：38.00 元

定价：45.00 元

定价：52.00 元

定价：42. 00 元

定价：42. 00 元

定价：48. 00 元

定价：58. 00 元

定价：48. 00 元

定价：58. 00 元

定价：58.00 元

定价：42.00 元

定价：58.00 元

定价：58.00 元

"精益制造"专家委员会

东方出版社

广州标杆精益企业管理有限公司

標杆精益®
BENCHMARK LEAN

人民东方出版传媒
People's Oriental Publishing & Media
東方出版社
The Oriental Press

图字：01-2019-0658 号

图书在版编目（CIP）数据

现场改善秒懂秘籍. 准备作业改善 /（日）石川君雄 编著；陶俊平 译. —北京：东方出版社，2019.7
（精益制造；060）
ISBN 978-7-5207-1082-4

Ⅰ.①现… Ⅱ.①石… ②陶… Ⅲ.①企业管理—生产管理 Ⅳ.①F273

中国版本图书馆 CIP 数据核字（2019）第 129939 号

精益制造 060：现场改善秒懂秘籍：准备作业改善
（JINGYI ZHIZAO 060：XIANCHANG GAISHAN MIAODONG MIJI：ZHUNBEIZUOYE GAISHAN）

编　　著：［日］石川君雄
译　　者：陶俊平
责任编辑：崔雁行　高琛倩
出　　版：东方出版社
发　　行：人民东方出版传媒有限公司
地　　址：北京市朝阳区西坝河北里 51 号
邮　　编：100028
印　　刷：三河市中晟雅豪印务有限公司
版　　次：2019 年 7 月第 1 版
印　　次：2019 年 7 月第 1 次印刷
开　　本：880 毫米×1230 毫米　1/32
印　　张：6.75
字　　数：123 千字
书　　号：ISBN 978-7-5207-1082-4
定　　价：68.00 元
发行电话：（010）85924663　85924644　85924641